有话直说
也无可厚非

[美]赫里希克什·乔希（Hrishikesh Joshi）——著
白雪莲——译

WHY IT'S OK
TO SPEAK YOUR MIND

中国出版集团
中译出版社

图书在版编目（CIP）数据

有话直说也无可厚非 /（美）赫里希克什·乔希 (Hrishikesh Joshi) 著；白雪莲译. -- 北京：中译出版社，2024.1
书名原文：Why It's OK to Speak Your Mind
ISBN 978-7-5001-7511-7

Ⅰ.①有… Ⅱ.①赫…②白… Ⅲ.①心理学—通俗读物 Ⅳ.①B84-49

中国国家版本馆CIP数据核字（2023）第179359号

Why It's OK to Speak Your Mind,
1nd Edition / by Hrishikesh, Joshi/ 9780367141721
Copyright © 2021 by Taylor & Francis Group LLC.
Authorized translation from English language edition published by Routledge, an imprint of Taylor & Francis Group LLC. All Rights Reserved.
本书原版由Taylor & Francis出版集团旗下Routledge出版公司出版，并经其授权翻译出版。版权所有，侵权必究。
China Translation &Publishing House is authorized to publish and distribute exclusively the Chinese (Simplified Characters) language edition. This edition is authorized for sale throughout Mainland of China. No part of the publication may be reproduced or distributed by any means, or stored in a database or retrieval system, without the prior written permission of the publisher.
本书中文简体翻译版授权由中译出版社有限公司独家出版并在限在中国大陆地区销售。未经出版者书面许可，不得以任何方式复制或发行本书的任何部分。
Copies of this book sold without a Taylor & Francis sticker on the cover are unauthorized and illegal.
本书封面贴有Taylor & Francis公司防伪标签，无标签者不得销售。

著作权合同登记号：图字01-2022-1502

有话直说也无可厚非
YOUHUA ZHISHUO YE WUKEHOUFEI

出版发行：	中译出版社		
地　　址：	北京市西城区新街口外大街28号普天德胜大厦主楼4层		
电　　话：	（010）68002926	邮　　编：	100044
电子邮箱：	book@ctph.com.cn	网　　址：	http://www.ctph.com.cn
出 版 人：	乔卫兵		
总 策 划：	刘永淳	策划编辑：	周晓宇
责任编辑：	于建军		
封面设计：	潘　峰	内文设计：	宝蕾元
印　　刷：	北京盛通印刷股份有限公司		
经　　销：	新华书店		
规　　格：	880毫米×1230毫米　1/32		
印　　张：	6.875	版　　次：	2024年1月第1版
字　　数：	119千字	印　　次：	2024年1月第1次
ISBN 978-7-5001-7511-7		定　　价：	48.00元

版权所有　侵权必究
中译出版社

聪明的智者们,让我们好好谈谈吧,即使一切并不会变好。然而,沉默更糟糕,那些沉默的真相终将成为我们的毒药。

——弗里德里希·尼采(Friedrich Nietzsche)《查拉图斯特拉如是说》(*Thus Spoke Zarathustra*)

生活伦理与美学丛书
我们生活中的伦理与美学

哲学家们经常为不合适的立场寻找有说服力的论据。比如最近，哲学家们就在反对结婚生子、支持人与动物平等相处、批评一些流行艺术审美低下。然而，哲学家们很少为人类普遍存在的行为提供令人信服的论据，比如结婚、生孩子、吃动物和看电影等行为。如果哲学能够帮助我们反思生活，并为我们的信仰和行为提供合理的理由，而哲学家们却忽视了对大多数人（包括他们自己）真实的生活方式的论证，这似乎就有点奇怪了。不幸的是，哲学家对"常态"的忽视意味着，他们并没有为人类的生活方式提出辩护，甚至还发表长篇大论进行谴责，而正是这些生活方式界定了现代社会的模样。

《无可厚非：我们生活中的伦理与美学》丛书试图纠正这一点。这套丛书为人们普遍接受的伦理观和美学观提供的论据通俗易懂、全面透彻，富有新意和创造性。这套丛书每本篇幅都不长，没有任何哲学背景的读者也能轻松读懂。其理念在于，哲学不仅能够批评现状，同等重要的是，它还能帮助我们理解我们已经相信的事物。这套丛书并不是要让我们对自己看重的东西感到自满，相反，是让我们更深入地思考令我们的日常生活有意义的那些价值观。

序 言

有话直说可能会带来一些不好的影响。我们总是迫于遵从同伴、朋友和老板的意见（至少是我们觉察到的意见）的压力，与他们相左可能会付出切实的代价。通常来说，一个人要想在职业生涯中获得晋升，最好的办法之一就是不要太"标新立异"。说出自己的真实想法可能会付出代价，比如错失好的工作机遇无法晋升，甚至丢掉工作，虽然这种情况如今并不常见。

此外，在那些主要负责创新、保持知识储备和塑造文化类的职业或机构中，这样的压力尤其巨大。卡车司机、管道工或采矿工人不大可能会因为与文化精英倡导的时代精神相悖而失业，但如果是作家、记者、学者和艺术家，问题就严重多了。如果在这些职业中有话直说带来的压力非常明显，或者导致群体思维趋同或出现盲点，那么，消除这些压力就显得尤为重要了。因为这些职业具有决定公众舆论的力量。

当然，在现代民主国家，鲜有针对思想表达的法律制裁。

美国以第一修正案的形式将保护思想表达自由列入宪法。无论你表达的观点多么离经叛道或令人反感，都不会因此蹲监狱。但是，这远远不足以维护我们规避从众风险的能力。约翰·穆勒或许是历史上最杰出的言论自由捍卫者，他敏锐地认识到了这一问题，于是挥笔写道：

> 对于所有人（除了那些因其经济状况而不受他人好意左右的人）而言，观点在（言论自由）这个问题上与法律一样有效力；人们会因言论被关进监狱，犹如被剥夺谋生的手段。[1]

伯特兰·罗素，20世纪分析哲学的主要创始人之一、自由主义的捍卫者，他数十年后附和了穆勒的上述观点：

> 然而，在现代社会，在思想自由的诸多障碍中，法律惩戒微不足道，经济处罚和歪曲事实这两点才至关重要。如果谁因发表某些特定观点而无法生存，那么，很显然这就让思想不自由了。同样，如果争论中一方的所有论点都表现得非常吸引人，而另一方的论点只有通过苦苦探寻才能发现，那么思想也就绝不是自由的。[2]

除非你很富有，否则尽管有法律保护，表达自己的思想也会付出真切的代价。即使你很富有，发表对有争议性话题的看法也一样要冒很大风险。其一，这可能会给你在朋友、邻居和同事中带来坏名声。即使这个坏名声来得毫无根据，也难以消除。此外，如果你的观点太过偏离公众，可能最终连表达的平台也会失去。比如，报刊专栏或电视专访。也就是说，通过互联网进行信息传播的民主化在某种程度上削弱了言论监管机构在这方面的权力——尽管不是完全削弱，因为互联网也有自己的言论监管机构。

既然说出自己的想法需要付出代价，那么应该怎么做呢？

这个问题与那些认为无法表达自己真实想法的人密切相关。我想要探讨的也正是这个问题。但首先，这本书企图捍卫的并非言论自由之理想，即"社会及其制度应该对不同观点持开明态度"。如果你想理解该理想，最好读一读约翰·穆勒的《论自由》一书，特别是其中的第二章。

确切地说，我在这本书中想要捍卫的理念是：即使是要付出上述提到的种种代价，我们也仍然有义务说出自己的想法。而且，我们美好的人生中需要我们有独立的思想，如果不说出来，就无法体现。我认为，如果人云亦云，只热衷于追求地位，这样的人生会错失一些美好。

下面是本书的内容概要。

目录

有话直说也无可厚非 / 1

内容概要 / 3

第一章　认知常识 / 11

　　认知劳动的分工 / 13

　　盲点和社会压力 / 18

　　案例：3名工程师和1座大坝 / 20

　　20世纪的教训 / 23

　　社交圈的重要性 / 25

　　当今的危险 / 29

　　关于遵守与合作的结果 / 32

　　知识生产机构 / 35

　　结论 / 45

第二章　说出自己想法的义务 /47

"搭便车"的从众心理 /48

再谈大坝和工程师的案例 /52

有义务说出自己的想法 /55

不完全义务与未雨绸缪 /57

分享证据VS反叛、挑衅 /62

诚信 /64

广义上的不完全义务 /65

勇于发表观点 /71

边际价值与非正统研究 /73

结论 /86

第三章　挑战与诱惑 /89

无效反对 /90

赤身裸体的皇帝 /95

党派纷争 /98

高尚的谎言 /99

激进的从众与作秀 /105

第四章　像思想者一样做事 / 111

有话直说——为己还是利他？ / 112

理性和人类繁盛 / 118

推理能力和有话直说 / 123

权衡利弊 / 128

理性在本质上具有社会性 / 132

对于个人和团体的影响 / 139

结论 / 141

第五章　独立和美好人生 / 143

独立是美好人生的组成部分 / 150

独立是少数人的特权 / 157

教育是破解之法？ / 160

政治和服从 / 162

伟人的蓬勃发展与基督教的道德观 / 164

诚实 / 165

信念 / 167

文化同质化 / 169

后　记 / 173

致　谢 / 185

注　释 / 189

参考文献 / 200

有话直说也无可厚非

政治檄文、高校组织的各种辩论，以及各大社交媒体发表的长篇大论，似乎都在告诉我们，当下，人们都在表达自己的真实想法。然而，调查显示，许多人越来越感到当众发表意见时的不安。表达内心真实想法可能会影响人际关系和就业机会，可能会让我们与朋友疏离，并激怒同事。在这种情况下，对一些有争议的问题视而不见、保持沉默，难道不是一种更为明智的做法吗？

本书中，赫里希克什·乔希有话直说的辩护让人耳目一新。他解释到，因为人具有社会性，所以我们不可能做到真正的独立思考。我们的认知取决于我们所在群体的认知。如果把每个人独特的观点都纳入公共话语中，在面对各种重大问题时，我们就能提高探求真相的能力。

同样地，有话直说对个人利益也十分重要。这不仅是个人发展思维能力的必要之举，也是实现精神自由、思想独立的根本。乔希认为这是个人美好生活的一部分。

本书通过借鉴亚里士多德、约翰·穆勒、弗里德里希·尼采、伯特兰·罗素等一众当代思想家的观点,阐述了这样一个主题:有话直说也无可厚非。

内容概要

扛住社会压力说出自己的想法，通常有助于提高我称之为的"认知常识"（epistemic commons）——也就是在特定的群体中普遍认可的事实的、思想的和观点的储备。认知常识不足，是因为认知劳动（cognitive labor）分工导致了我们获取的知识基本上都是分散的，我们自认为了解到的知识实际上都深深地依赖于他人的提供。例如，很少有人知道拉链究竟是如何工作的，但是我们通常认为自己知道，因为我们可以很容易地从别人那里得到相关的解释。如此一来，我们就不会也不能独立思考了。

在很多时候，拥有认知常识是一种不可或缺的福气：想象一下如果你必须独自弄清楚所有的事情！然而，它也可能埋下隐患。正如海洋因过度捕捞而生态退化，大气层易受污染的危害，认知常识则会受到社会压力的影响。社会压力会扭曲我们对世界的看法，而且这种扭曲往往会很危险。如果我们对世界的看法扭曲了，那么我们采取的行动即使本意是好的，可能也还是会适得其反。

苏联对切尔诺贝利（如今的乌克兰地区）核灾难的处理就是歪曲证据而导致灾难的一个最典型例证。如果当局和公众对发生的事情有更清晰的认知，那么这场灾难在很大程度上是可以避免的。但由于在关键时刻证据被隐瞒，因此那场灾难的应对措施导致了更多的死亡。

虽然切尔诺贝利的核灾难是独裁政府的统治使然，但民主政府也不能幸免。社会压力会导致辩论或争议一方的证据堆积如山，而另一方的证据则会被大量掩盖。因此，一个只看呈堂证据的人，即使能理性评估这些证据，也会对所涉及的议题产生偏见。我认为，无论何时，只要存在着掩盖一个议题、一方证据的社会压力，我们就有理由怀疑，这种机制会导致一个（可能危险的）潜在的盲点。一个问题且很严重的问题是：那些只看呈堂证据的人看不出这个盲点。他们压根就意识不到自己歪曲的世界观。

我们应该特别关注那些与知识生产和传播密切相关的机构所承受的社会压力，尤其是大学，但也包括智库、报刊等。在某些情况下，如果一个群体内部因为社会压力而不为某一结论提供证据，那么对其所提供的其他证据就不应太当真——或者至少要持谨慎态度。然而，危险的是，旁观者可能只看到所提供证据的表面价值。虽然这些旁观者本身没有错,但他们可能忽视了这一群体内部承受的社会压力,而不能看到主要证据。这就是我们现代人的认知困境,尽管最近它并未受到多少哲学界的关注。

考虑到证据与社会压力之间的动态关系,我认为,只要代价不是太大,我们就有义务扛住社会压力,公开我们手中所有的证据。从这个意义上来说,每个人都有义务扛住社会压力说出自己的想法,至少在某些时候应该这样做。在一定意义上,这种义务是不完全的,因为我们可以选择。我们不需要在任何场合都说出自己的想法,因为这样会引来麻烦,而且大多时候也非明智之举。尽管如此,我们还是有义务扛住社会压力,表达自己的想法,因为这就是你能为保护公共资源(也就是认知常识)所尽的一份力。从来没有出过力的人和那些"搭便车"的人没什么两样,他坐享其成,却从不付出,就像从不做饭的室友或遛狗却从不清理粪便的人一样。

如果你在上文提到的知识生产机构的单位工作,那么你就可以通过实施一些非正统的计划,以期显著提高人类认知状况。这种类型的工作具有非常高的边际价值。第一篇捍卫某观点或开创看待事物新角度的文章,远比接下来千篇批驳某观点或在某种诡辩中取得一丁点成果的文章更有价值。那些受终身教职保护的人在这方面处于十分有利的地位,他们也可以帮助其他从事此类工作的人。

现在，这里指出的"搭便车"这一问题结构会引起许多读者的一种共同担忧。考虑到参与维护认知常识的行动者众多（想想所有那些在科学或某一文化领域的带头人），我们可能会想，我们的个人行为是否能带来切实的改变。气候变化似乎就是一个恰当的例子。如果你不再吃汉堡，会对气候变化产生什么影响吗？考虑到这一问题的指代范围，影响可能微乎其微。但即便如此，就能不说出想法吗？一个人的想法能带来多少变化呢？

事实证明，可以带来很多变化。即使是一个持不同意见的人也会对其他人产生巨大的心理影响。几个心理学实验研究，特别是著名的所罗门·阿施❶（Solomon Asch）实验，都证实了这一点。一个人把自己看到的说出来，有助于缓解其他潜在异议者可能会经历的被人孤立的恐惧感。你可以说出来。同样，就像我们从汉斯·克里斯汀·安徒生（Hans Christian Andersen）的童话《皇帝的新装》(*The Emperor's New Clothes*)中吸取到的教训——当那个孩子指出皇帝没有

---

❶ 所罗门·阿施（1907—1996）：美国著名的社会心理学家。他在1952年做了一个有趣的实验，研究社会压力对个人判断力的影响，称为阿施实验（Asch's experiments）。实验发现，很多人不敢在众目睽睽之下让自己成为异类，所以选择屈服于大众的压力。因此社会压力会让人们丧失判断能力。实验结果以《观点与社会压力》（"Opinions and Social Pressure"）为题刊登在1955年的学术期刊《科学美国》(*Scientific America*)上。——译者注

穿衣服的时候，突然间人人都有了敢于把真相说出的勇气。如此一来，即使是一个孤单的声音，也能戳破社会科学家称之为"多数无知"(pluralistic ignorance)的泡沫。在这种情况下，大多数人会开始思考，只是他们并未意识到自己属于大多数人中的一员。

第一至第三章的主题是团结为了公共利益而表达自己的想法。第四章和第五章则主张人们为自己的利益表达想法。表达想法是美好人生的重要组成部分，至少我是这么认为的。

在哲学早期，"何为美好人生"就一直是哲学家们关注的核心问题。当我们回顾一个人的一生时，何种情况我们可以说"他的一生过得很美满"呢？这就会得到两个意料之中的答案：快乐和社会地位高。从第一个答案来看，一生美满的那个人生活中有许多快乐（不仅有山珍海味和风流韵事，还有心满意足等心理上的愉悦），却几乎没有什么痛苦（生理上的痛苦和懊恼、沮丧等心理痛苦）。第二个答案则认为许多社会地位高的人人生更美好，如总裁、总统、院长、诺贝尔奖得主、音乐家等都过着最美好的生活。

古希腊伟大的哲学家们思考过这两种答案，发现它们都存在缺陷。对亚里士多德来说，某个东西（或任何东西）的好坏取决于其能否体现它特有的作用（它所做的功）。因此，要想知道什么样的人生才是美好的,就要想想对人类有什么作用。换句话说,人之作为人,有何独特之处?亚里士多德认为,这个独特之处是我们的理性思考能力。因此,他认为美满的人生就是要揭示理性思考应如何合理发展和运用。

哲学和心理学的最新研究表明,我们无法在孤立状态下进行有效的思辨。为了保证思辨的有效性,我们必须找到可以反复交流的对话者。思辨在本质上是社会活动,思辨意味着要表达你的想法,而不是把你所有独到的想法和观点藏在心里。亚里士多德的老师的老师——苏格拉底(Socrates),就是这种理念的践行者。他在雅典各处游历,挑战雅典人所珍视的观念。因此,他被陪审团判处死刑。但即便如此,他也并不后悔。在他看来,浑浑噩噩的生活根本不值得留恋。现在看来,这种做法或许有些过头,但如果那些观点有道理,那么我们作为会思考的人,不论是否出于自愿,都不该为了荣誉、威望和认可而牺牲自己的正直。

另一种关于美好人生的不同思想流派则强调独立。伟大的人生独树一帜,创造出新事物,拒绝随波逐流。这是19世纪哲学家约翰·穆勒和弗里德里希·尼采研究的主题。他们的观点与我们今天所经历的从众压力有着极大的关联,并可能有助于将这些压力纳入更广阔的伦理视角。他们在自己的时代发现的许多潮流,在21世纪似乎以一种更强大、更有力的形式存在着。因此，不仅要将他们的作品看作历史珍本，而且要以一种值得参考和借鉴的视角重读他们的作品，这有助于我们摆脱当前面临的困境。

更重要的是，考虑到我们培养独立的目的，如果我们从不表露自己的想法，那么穆勒和尼采赞颂的独立是不可能培养得起来的。这是因为我们在本质上都是社会动物，所以为了实现真正的独立，我们必须与外界表达和交换我们的思想和价值观。

本书的结尾探讨了人文主义的发展将如何影响与人们息息相关的日常生活。哲学家塞缪尔·舍夫勒（Samuel Scheffler）最近对这一观点提出了新的看法。他认为，我们当下所看重的很多东西都预设了人类的未来；如果没有把握，我们就会陷入虚无主义和绝望之中。然而，这只是其中的一部分；依我之见，我们不仅希望人类绵延下去，而且希望人类繁荣昌盛。但是，如果社会压力会催生出危害性盲点，那么，考虑到现代生活的演化速度，直抒胸臆以对抗这些盲点似乎就更加重要了。如果考虑到我们真正在乎的，这甚至关乎我们未来的成败。

第一章
认知常识

疯狂在个体中很罕见，但在群体、政党、民族和时代长河中，却很普遍。

——弗里德里希·尼采《善恶的彼岸》(*Beyond Good and Evil*)

每个时代都有其羞于示人的蠢事，如某项计划、某个工程，或是其全身心投入其间的离奇幻想。人们陷入其中或是因为爱财，或是因为激动，抑或只是爱模仿的本性，其中最为愚蠢的要算每个时代都有的某种疯狂情绪，政治方面的、宗教方面的，或者涵盖多方面的。❶

——查尔斯·麦凯（Charles Mackay）《非同寻常的大众幻想与群众性癫狂》(*Extraordinary Popular Delusionsand the Madness of Crowds*)

---

❶ 译文引自电子工业出版社 2013 年出版的《大癫狂：非同寻常的大众幻想与群众性癫狂》，略有修改。——译者注

认知劳动的分工

人类之所以能发展到现代社会,是因为劳动有了分工。没有劳动分工,人类能达到的生活水平最多也就是食可果腹、衣可蔽体。请想象一下,你需要从一无所有到制作出所有要用的物品,不可借助他人创作出来的工具、食物饮品和药物。在这样的状态下,大多数人都活不过 1 个月。相反,如果个体都专攻不同的领域时,社会就会作为一个整体产生更高的生产力。于是在劳动分工的作用下,现代化生活成为可能。

亚当·斯密(Adam Smith)在《国富论》(*Wealth of Nations*)中阐述并探究了这一观点。他以扣针生产工厂为例。假设 10 个工人要完成制作扣针的任务,如果每个工人都需要独立生产扣针,那么每日每人大概可做出 10 枚。而制作一枚完整的扣针需要几道不同的工序。我们假设需要 10 道工序。如果每个工人都完成全套工序,工序转换时就会产生时间上的浪费。并且,工人熟练掌握各个工序也相当困难,需要投入大量的精力进行训练。如果换一种方式呢?每个工人只专注于一道工序会如何?结果就是工厂可以通过多种途经节约时间,从而在相同时间内生产出更多的扣针,尽管没有一个工人能独立制作出一枚完整的扣针。如此一来,工厂便可每日生产1万枚扣针,相比之下,在未分工时,工厂每日生产的扣针总量仅为100枚。现代社会就像是一个放大了的扣针工厂。[1]

当然,现代社会的劳动分工并不局限于物质生产。专业细化的另一面还有认知劳动的分工。知识生产机构(大学、智库、私人研究实验室)反映了这一类分工:为了开发出新成果,研究人员必须专攻一个或两个细小的分支领域。然而,这种认知劳动的分工有着深层的影响。我将那些社会普遍接受的事实、观念、视角等统称为认知常识,正是这种常识决定了我们认知的范畴。

认知科学家史蒂文·斯洛曼(Steven Sloman)和菲利普·费恩巴赫(Philip Fernbach)在《知识的错觉》(*The Knowledge Illusion*)一书中写道:"语言、记忆、注意力,所有的心智功能皆通过认知劳动的分化分配到整个社群中。"[2]斯洛曼和费恩巴赫认为人类知道得很少,却自认为见多识广,因为知识的获取对我们来说轻而易举。如果这二人的观点是正确的,那么可以认为个人的认知健全程度(例如我们的观念所能反映世界的真实程度)必然取决于认知常识的健全程度。

思考一下这两个问题:拉链是如何工作的呢?冲水马桶又是如何工作的呢?这两个物品看起来很普通,了解它们的工作原理好像也不是什么难事,然而人们却完全高估了自己。利昂·罗森布利特(Leon Rozenblit)和弗兰克·凯尔(Frank Keil)进行了一项研究,他们让受试者评价自己对此类物品工作原理的了解程度,评分等级从 1 到 7,然后要求受试者把工作原理具体描述出来。然而许多人都无法描述出来,所以当再次进行评分时,受试者大大降低了他们的评分。心理学家丽贝卡·劳森(Rebecca Lawson)进行了一项类似的实验,要求学生画出自行车的构造来解释自行车是如何工作的。结果令人大吃一惊——虽然自行车在日常生活中极为常见,但许多学生却无法完成这一任务。这种人们的实际所知远少于自认为所知的现象,被称为解释性深度错觉(illusion of explanatory depth)。[3]

我们为何会陷入这种错觉呢?一方面是因为相关知识的获取易如反掌。如果你想知道拉链的实际工作原理,只需在网上简单搜索便可获悉所有的细节。虽然当下你可能还不了解,但获取起来"触手可及"。这表明了,我认识世界就像认识一幅低分辨率的地图,通过他人的知识,我们在拉近地图时会觉得内容很清楚。然而就地图上大部分区域而言,很多内容我们单靠自己是无法获取的——即使拉近了地图,看到的也只是非常清楚的四不像。因此,认知劳动的分工使得人们的认知活动、所付出的努力与成果交织在了一起。

此外，越是"活跃"在我们周遭环境中的观念，就越能够塑造我们对世界的粗略认知。举例来说，假设在一个村庄里有个孩子身处一个虔诚的宗教派别中，并且这个派别不相信达尔文的进化论，内部也未讨论过进化理论。当这一理论提出时，教徒很快会视其为无稽之谈。有人可能会拿出一些自以为果断有力的观点来进行反驳，比如"为什么今天我们看不到猴子变成人？"，或是"缺环（missinglinks）❶ 在哪里？"，等等。在当今社会，原则上来说，这个孩子可以发现印证这一进化理论的有力证据，因为当地图书馆就有《物种起源》（*Origin of Species*）的复印本。他有足够的时间沉浸书海，畅读百科全书和生物书籍加以验证。然而事实上，他过去对于世界的认知已经有了巨大的缺失。另外，考虑到自己的时间有限，他很可能会认为不值得花时间深究。

因此，如果身边的人都认为某些事情已经盖棺定论，那么在很多问题上我们可能没有充足的时间或发挥充足的想象来一探究竟。我们对认知劳动进行分工，是因为个人难以独

---

❶ 缺环：假设的介于现代人类及其类人猿祖先之间进化过程中已经绝灭的动物。1889年德国学者海克尔（Haeckel）指出：人是从古猿进化来的，在猿与人之间有个过渡环节，这是科学界尚未找到实证而缺失的环节，他将这段空白称作人类进化史上的缺环。——译者注

立验证所有已经成为定论的观点。但是反过来，这种分工也意味着，如果群体的认知是错误的，或是偏狭的，那么我们很容易受这种歪曲思想的影响。因此，我们的认知是否健全取决于我们所在群体的认知是否健全。

19世纪的数学家、哲学家威廉·金登·克利福德（W. K. Clifford）在他那篇具有里程碑意义的关于信仰伦理的文章中强调，我们理解和描述世界的能力具有社会性和关联性：

> 为达到一定的社交目的，社会创设了事物运转的方式，我们的生活就遵循了这一总体原则。我们的话语、我们的俗语典故以及我们思想的形态、过程和模式都是在时间的长河中经过不断的塑造、完善而积淀下来的公共财产；是一代代传承下来的传世之宝，作为一种宝贵的财富和神圣的寄托，将继续传给下一代。但它并非一成不变，而是不断丰富、涤荡，留有前人精心雕琢的痕迹。无论是好是坏，代表同时代人发声的每一个人的每一种信念都在其中得到体现。肩负着这样令人敬畏的特权和责任，我们应该为子孙后代生活的那个世界贡献自己的力量。[4]

对于克利福德来说，这意味着我们每个人都有着义不容辞的道德责任，也就是说，我们的信仰应基于证据的合理性。正如我将在下一个章节中论述的那样，如果我们的认知状况是这样一种公共资源，那么我们都有义务尽己所能地保护这一资源的完整性。然而，尽管基于证据合理性的信仰本身很重要，但是单单这样还不够，我们还有义务说出自己的想法。

盲点和社会压力

在深入讨论上述观点前，我们有必要先探讨认知常识易受到外在影响的原因。由于公共资源极易遭受破坏或毁坏，因而造成了乡村公地悲剧❶的发生。⁵ 例如，工业污染会破坏河流的生态系统。同样，我接下来将要论述的就是，社会压力会降低认知常识。

让我们再思考一下上文提及的乡村公地悲剧。在上述的宗教派别里，为什么接受进化论就会被有组织地压制？大概

---

❶ 公地悲剧问题是经济学中的经典问题，也是博弈论教科书中必定要讨论的问题。哈定（Hadin）1968年在《科学》杂志上发表了一篇文章，题为《公地悲剧》。哈定举了这样一个具体事例来解释公地悲剧：面对公共开放的草地，每个牧民都想多养一头牛，因为多养一头牛增加的收益大于其购养成本，是合算的，但是平均草量下降可能会使整个牧区的牛的单位收益下降。每个牧民都可能多增加一头牛，草地将可能被过度放牧，从而不能满足牛的食量，致使所有牧民的牛饿死。这就是公地悲剧。现在，人们也常把这种占有公有的财产而又心安理得的行为称为公地悲剧。——译者注

是因为公开地为这些理由辩护会让人们牺牲其社会地位，而维护自己的社会地位是大多数人的强烈动机。[6]如果其中一个人在交谈中展示了支持达尔文进化论的证据，就可能会被视为离经叛道，或者宗教信仰不虔诚。此外，对异端邪说或背叛宗教的指控在许多宗教信仰虔诚的社会会造成严重后果——即使这样的指控在最后被证实是不正确的。因此，即使有人偶然想到或是经过思考想出了相信进化论的一个理由，他们也可能会把这个想法藏在心里，尤其是当他们不确定这个理由的正确性时。为什么要拿你的名誉和社会地位冒险（在很多时候甚至会付出更大的代价），只为了去说出一些你自己都还不确定的理由呢？

同样，社会压力可以有组织地过滤掉让人相信某种理论的部分理由。另一部分理由之所以未被过滤掉，是为了让这一理论看起来就令人难以接受——如果没有这样的过滤，人们相信这一理论也是合理的。换句话说，那些由社会压力推动的过滤过程，可能导致辩论的一方因有众多理由而存在，而另一方则因理由不充足而被抛弃。然而，如果是通过公开辩论，双方理由又总体保持平衡的话，很可能大众就倾向于支持另一方了。因此，每当我们察觉到社会压力而逃避发表某种理由时，我们就应该担忧存在着某个方面的论点盲点。

重要的是，我们不能仅仅因调查过呈现在我们面前的一级证据（即那些与正在讨论的议题直接相关的证据）就否定有这种盲点的存在。出现这样的问题，是因为为了支持某一个结论而对所有证据进行过筛选。因此，仅仅根据呈现的证据就断言"但是这个结论显而易见是对的"，这是不合适的。这一结论之所以看起来正确是因为，在社会的压力之下，不允许公开反对的证据，也不允许积累这些证据。这样的话，即使一个群体中的成员对他们拥有的一级证据做出理性的反应，也可能存在着一个集体盲点。

案例：3名工程师和1座大坝

设想有这样一种情况：3名工程师负责建造和维护1座大坝。假定建造大坝是一项耗资巨大、需调动大量资源的工程，但会对周边社区的生计带来无与伦比的积极影响——提供十分重要的水电和灌溉。那么，整个社区就会对这一项目产生浓厚的兴趣。此外，对当地官员和政客来说，这也是一项可以炫耀的政绩。人们希望并相信这一大坝会顺利建成，所以反对或怀疑该项目的人，就不会受到应有的尊重。

如果大坝决堤，毫无疑问会带来毁灭性灾难。假设有充足的理由认定这座大坝能够挺过降雨量特别大的一年，但也有理由表明大坝会决堤。由于没有社会压力导向说出后者，那么认为大坝能够挺住便成为工程师们的共同认知。尽管工程师们内部也传播着关于大坝会决堤的理由，但他们会将这些藏在心里，因为他们不想被看作唱反调。

假设大坝会决堤的理由胜过大坝会支撑住的理由，那么基本上可以说大坝将会决堤。如此，这个案例就具有以下特征：将特定群体的证据视为全部的情况下，相信大坝会决堤是合乎情理的。然而，对某一特定的个体而言，根据他个人掌握的证据就相信大坝会决堤，这是不合情理的。

为了证明以上观点，假设以下是相关的考虑因素：

赞成：

原因1：大坝是用上好的材料建造的。

原因2：建筑结构的设计整体上很合理。

反对：

原因3：今年上游的降水量出奇地大。

原因4：泄洪道设计有缺陷。

原因5：排水管的维护未达最佳标准。

相比赞成的原因，这3条反对的原因本身都不足以构成大坝会决堤的证据。但是，将这些原因（即原因1—5）看作一个整体，便会得到大坝会决堤这个结论。现在假设这3名工程师都知道原因1和原因2（因为缺乏压制该理由的社会压力），但是对于其余的3个原因，他们心里只知道其中一个。

假设第一个工程师知道原因1、原因2、原因3，第二个工程师知道原因1、原因2、原因4，第三个工程师知道原因1、原因2、原因5。考虑到3人各自拥有的证据，每位工程师都相信大坝不会决堤，这确实是每个人得出的合理结论。但从某种意义上来说，作为整体的这个群体却是非理性的。因为作为一个整体而言，他们拥有充分的证据，表明大坝理应会决堤，因此他们应该采取措施尽可能地去修复大坝，或疏散附近居民。[7]

为什么每位工程师都不说出自己心中的反证呢？他可能是这么想的："我有一些证据能证明大坝存在风险，但是总的来说，大坝的整体设计是非常结实的。如果我提出对大坝的担忧，只会招致社会的谴责。说出来没有一点好处，因为据我所知，大坝是无论如何都不会决堤的。"因此，换句话说，这样做有害无利。

请注意，这种沉默并非纯粹出于自私。真实情况并不是那些工程师只在意自己，而不关心受大坝决堤影响的人。我们甚至可以假设，如果大坝决堤，3个工程师的房子都将无一例外被摧毁。所以，我们还可以假设，如果这些工程师中任何一人掌握了其他不同的证据，他们会不顾社会谴责将这些证据告知其他人,引起他们的注意。他们可能会这样想:如果能拯救成千上万人的生命,还能让我自己的房子幸免于难,我愿意承担被谴责的风险。但问题是,他们没有一个人能够预知大坝将要决堤,因为鉴于他们所掌握的证据,他们的行为是合理的。这样一来,就算我们作为一个整体有基本认知,社会压力也会影响我们看到正确的行为。

20 世纪的教训

像这样在做决策时没有完整证据支持的情形,可能会导致灾难。如果因为社会压力而导致不能在一个群体内自由分享信息,那么,对一些重大议题的决定就会出现偏离。如上面的例子,大坝决堤会毁掉许多人的生活。

而且,这不仅仅只是个想象出来的例子。迫于社会压力而无法分享某些信息,使得许多本可避免的灾难就这样发生了。切尔诺贝利核电站因故障发生爆炸的灾难,或许就是一个典型的例子。由于当时执政的是一个独裁专制、自上而下的政府,不鼓励个人就辐射水平、爆炸性质、不合格材料等方面提出异议,其结果是给人民带来了毁灭性的打击,甚至直到今天,还有许多人遭到核辐射的毒害。美国家庭影院频道(HBO)播出的连续剧《切尔诺贝利》(*Chernobyl*)详细介绍了事故现场相关人员在应对形势时的思考和行动,揭示了他们扭曲或隐瞒信息的动机。[8]

民主国家通常能更好地避免这种不必要的失误和灾难。第二次世界大战中,协约国的胜利可以部分归因于民主决策中信息流动的顺畅。[9]在民主国家,军队中的各级官兵相对而言更乐于提供一些能够纠正上级指挥失误的信息。相比之下,德国陆军和空军的士兵在分享新闻、军情和作战方案上多有顾虑,他们担心这样做会惹怒上级军官,甚至会被视为破坏作战计划。

民主国家还会通过更开放的媒体来传递关键信息。记者不太容易受到政府的恐吓,因此可以迅速向平民和政府官员传递重要信息。第二次世界大战期间,曾担任美国高级官员的卢瑟·古利克(Luther Gulick)解释说,相比之下,独裁政府内部的决定是"由一小群消息闭塞的人秘密策划,然后通过独裁当局强制执行"的。[10]由于民主国家信息渠道要自由得多,因此能够避开困扰着独裁政权的认知陷阱。

然而,民主国家没有理由骄傲自满,因为他们也不能免于这些问题的困扰。例如,臭名昭著的猪湾事件(1961年美国暗地里支持的登陆古巴的一次失败尝试),失败的部分原因是那些对该计划持怀疑态度的人保留了他们的意见。[11]而且,社会压力不一定总是来自政府当局。想想那些迫于压力而酗酒的大学生，迫于压力而打扮成另类的，以及（过去）迫于压力而抽烟的青少年——或者，举个更相关的例子，那些迫于压力而不敢公开表达某些社会或政治观点的人。这种形式的社会压力不是自上而下的，不是来自某些政府的指挥链，而是它们更具有自发性和系统性。社会压力来自塑造了一种特定文化的数百万人的激励、互动与选择，因此，民主并不能解决专制政权内部无处不在的信息方面的问题。

社交圈的重要性

我们所经历的从众压力在很大程度上取决于我们的社交圈。以研究社会规范而闻名的哲学家克里斯蒂娜·比基耶里（Cristina Bicchieri）用"社交圈"这个概念说明，对人们行为规范产生深刻影响的人，并不一定是距离你最近的那些人。因此，一位虔诚的已婚摩门教徒的社交圈可能主要是同样虔诚的家人和摩门教的其他朋友，而非与她居住在同一座城市中的单身无神论者，虽然他们之间的实际距离可能更近。一名学者的社交圈可能主要是其他学者，即使他住在一个以蓝领家庭为主的社区。

因此，对我们影响最大的那种文化并不一定是那些实际上离我们最近的文化,而有可能是只与少数人有关的文化,就像上述摩门教的例子一样,它也不一定与性别、年龄等人口特征有强关联。例如,依据比基耶里所言,"一个在费城穿着恨天高的年轻女性可能不会关心印度的女性在做什么,甚至都不会关心新奥尔良的女性在做什么。她的社交圈可能是同城的'时尚'群体,那些她可能遇到并让她有机会'炫耀'的人,或者也可能是名人、杂志新秀或参考网络里那些女孩热追的电视剧"[12]。

对一个观点的支持与否,一方的证据是常识的,而另一方的证据则是分散的、孤立的,这个模式就是我在本章中一直描述的一种模式,它在认知和伦理上都具有重要的意义,但却很少受到哲学家的关注。这个模式可以解释我们在公共话语和公众意见中观察到的一些现象,特别是如何在各种互不相关的问题上保持政治上的两极分化。分析该模式的关键在于确定社交圈中的社会压力和信息渠道。

假设有一位名叫爱丽丝(Alice)的人,她的社交圈主要由支持同一个政党的人组成。再假设根据爱丽丝对所有信息的分析,除了一个问题,其余都与社交圈保持一致意见,而这个意见不一致问题,她有一些非常有力的证据。比如这个问题是与暴力犯罪的原因和有效减少暴力犯罪的方法有关。爱丽丝深入研究了有关犯罪和治安的现有数据,经过精确统计，得出了合理的结论。那么如果这群人能够理性地思考这个证据，他们大多会改变对这个问题的看法。

尽管如此，爱丽丝也许不会跟她所在的群体分享这个证据。首先，她可能敏锐地意识到，如果在引发党派纷争的问题上她与社交圈持不同意见，她将受到猛烈的抨击。即使明面上她没有失去朋友，大家也会用怀疑的眼光看待她。如果她向人们释放出不忠于这个意识形态团体的一种信号，她也可能会失去未来职业晋升的机遇。这些是不利方面。那么有利的一面又是什么呢？在爱丽丝自己看来，至少她所在群体做的大部分事情都是正确的。分享她所掌握的证据，只会让另一个与她所属群体有竞争关系的群体得益，从她的角度来看，这样做适得其反。因此，理智的做法就是不和他人分享该证据。

但现在要注意的是，爱丽丝可能不是唯一面临这种情形的人。假设该群体的另一位成员鲍勃（Bob）在最低工资的问题上持不同意见。他有充分的证据能表明他的立场，而这一立场恰恰与该群体的主流认知相反。但是，他同意该群体在所有其他问题上的看法，包括犯罪和治安问题。另一位成员克莱尔（Claire）就堕胎问题深入思考并研究了正反两方的观点，发现她可能不认同她所属群体在堕胎问题上的立场。然而，她同意该群体在所有其他问题上的看法，包括犯罪、治安和最低工资。

持不同意见的人们都没有分享他们掌握的证据。但是，如果这些证据在该群体中被分享的话，极有可能导致该群体对各种党派议题的总立场出现动摇。然而，并非群体中的所有成员都能明白这一事实。鉴于他们掌握的一级证据，他们有道理认为自己所在的群体总体而言是正确的。

这种动态关系生动地诠释了我们在现代生活中观察到的两极化模式。我们发现，在一些理性看来毫无关联的问题上，公众意见因党派立场严重分裂。比如，在枪支管制、刑事审判、移民、气候变化、堕胎、最低工资以及许多其他问题上，特定的立场贯穿始终。换句话说，如果随机挑选一些人，只要知道他们政党对枪支管制和气候变化的看法，你就可以很准确地预测出他们对堕胎和移民的看法。为什么会这样呢？这些问题似乎毫不相关——在枪支管制问题上的特定立场不应该让你对堕胎或最低工资问题持有任何特定的看法。换种方式说，与这些问题有关的一系列考虑因素、统计数据和论点是截然不同的。那么，又该如何解释这个模式呢？任一政党的支持者都会下意识地回答道：对方目前在每一个问题上的观点都是错误的。他们会提到自己在各种问题上掌握的一级证据，这些证据都支持他们这方的观点，以此来暗示另一方的观点是错误的。

但是，如何解释为何对方全错而自己这方全对呢？双方的拥护者给出的答案虽形形色色，但都很直白：对方愚昧无知、被洗脑、心术不正、自私自利等。这些回答，无论在自己一方的支持者看来多么令人满意，都难以维持。[13] 同样值得探讨的还有没这么愤世嫉俗的回答，因为它们或许展现了善意的个体对有争议的问题是如何形成自己的信念的。这里需要解释的是，在两种毫无关联的信念之中，人们是如何接受其中一种的。对于理解社会压力何以屏蔽掉对立的证据，上述模式或许是一种可信的选择。该模式可以解释，理性的人如何在竭尽所能运用掌握的证据时，成为一个非理性的群体。

当今的危险

政治学家伊丽莎白·诺埃尔－诺伊曼（Elisabeth Noelle-Neumann）在关于公众舆论动态变化的开创性研究中指出，某些特定条件可能会造成"沉默的螺旋"（spiral of silence），在这种情况下，人们只为某个问题的一方公开辩护。她发现其核心机制是：人们不想说出他们认为可能会招致他人反对的事情；在潜意识中，他们不想失去朋友，不想被排挤出自己的社交群体。这是一种对孤立的恐惧。因此，这些人选择保持沉默而不愿说出自己对某一特定问题的真实想法。一旦这个机制开始运行,就会有越来越多的人选择保持沉默,不发表自己的真实想法。[14]

通常,在有争议的、带有感情色彩的道德和政治问题上会出现像这样的螺旋。如果少数人奋力发声,尤其是当大众媒体站在问题的一方并一再推波助澜时,沉默的螺旋甚至可以把多数人的意见打入地下。最终,沉默的螺旋会让多数人的意见销声匿迹,而之前仅被少数人拥护的意见则会在整个社会成为主导。[15]

那么,这对我们来说意味着什么呢?首先,基于目前探讨过的所有原因,我们应该得出一个假设:这种由社会压力(真实的或感知的)引发的沉默的螺旋不会一直(或大部分时间)与事实相符。沉默的螺旋是对各种社会的力量保持一定的敏感度,而不是对真相保持敏感。因此,在这些螺旋的作用下,社会可能会认同那些被明显误导的观点。

然而,为了知道应该支持什么样的政策,如何解决各种各样的社会问题,我们需要对"社会是什么样的"这个问题有一个准确的认识。如果没有对世界的确切认识的加持,即使是最善意的意图也可能产生可怕的后果。(事实上,在某些叙述中,历史上所有最坏的行动或运动或多或少都可以说是出于"善意"。)但是,社会压力可以扭曲我们对世界的整体看法,而出于好意的个人却无法察觉出这种扭曲。所以,我们越任凭沉默的螺旋产生，就越有可能任由这样的善意铺就通往地狱的道路。

我们今天面临的危险是：我们中的多数人在许多有争议的问题上，以及在许多已经被"解决"（不是通过体制化的否定，而是通过沉默的螺旋解决的）的问题上，对自己的看法相当自信。但这意味着，我们采取的缓解经济和社会问题的措施可能适得其反，使情况变得更糟。我们采取的解决方案越激进，风险就越大，远不如逐一击破来得安全。我们也可能在一开始就误判了症结所在，也可能为了一棵树而错过了整片森林。可以说，我们前面提到的切尔诺贝利事故暴露的可能不是核电站的问题，而极有可能是我们看待并试图解决社会和经济问题的方式出了错。

应对这种困境的一种方法就是鼓励认知谦卑。[16] 也许我们都应该审视一下自己。然而，这说起来容易做起来难。在关键时刻，用抽象的术语来理解我们的认知局限性可能不会让我们（尤其是我们当中喊得最响的人）真正变得谦卑。正确减少危险盲点的唯一方法就是个人勇敢地说出他们的想法，拒绝屈服于社会压力。这并不是说认知谦卑和其他批判性思维的方法不重要或它们不值得培养，而是如果知识是一项共同事业，那么个人的认知谦卑就只能做到这么多。例如，这种谦卑并不能阻止切尔诺贝利事故的发生，而是只有当人们都分享他们的证据时才能做到。

关于遵守与合作的结果

每当一个群体迫于社会压力而支持某一特定结论,尽量避免提供怀疑该结论的理由时,一些重要信息就会被系统地过滤掉。如果这个群体的结论最终是正确的,这不过是事出偶然、运气使然。即使这样,该群体对世界的看法也可能以这样或那样的方式被扭曲。在不同背景下,这种扭曲实际可能产生可怕的后果。

下面我们依次来考虑一下两个制约条件。首先,胡乱"提供证据"往往会招来污名。设想一下,一个人说:"嘿,太阳绕着地球转的证据是马有四条腿。"人们可能会认为这个人脑袋缺根弦,或者他在开某种玩笑。这个论证就是"非逻辑理性"(non sequitur)。不过,人们大概不会对他生气。他们可能只想确认一下他没有精神崩溃。其次,交谈中存在是否切题的压力。因而,给出关于最低工资对就业影响的证据,与正在讨论的恐龙如何灭绝的话题无关,理应遭到反对。

但是,社会经常向我们施加压力,迫使我们隐藏证据,毫不顾及证据质量是否得了某一特定结论,也不考虑证据的相关性。因此,假设在政治辩论的情境下,一个人为最低工资的影响提供证据，这些证据与他所在社会群体的观点相冲突。即使他的论点很有说服力，人们也会倾向于表现得好像在说"你是站哪边的？"，或者"你竟然是这种人"。再假设另一种情境，在宗教氛围浓厚的某一特定教派中，一个人给出相信自然选择进化论的理由。这里，人们可能会怀疑，提出这种观点的人实际上是一个隐藏的无神论者，应该离他远点。

对于社会群体投入了情感的一些观点，社会压力无时无刻不在以这样的方式对其施加影响，即使是感觉到现有论据或证据的不靠谱。人们在某些问题上采取的立场在某种程度上对确立他们（无论是社会的、政治的、宗教的、民族的还是职业的）的身份认同很重要。社会压力往往与这些重大问题有关。而且，对那些公开证据以支持不受欢迎结论的人，人们通常会公开表示愤怒。

正是这类压力，尤其是当它们影响到具有重大认知意义或普遍性的话题（如进化论或最低工资的影响）时，会产生令人担忧的盲点。因此，即使付出一定的代价，也要提供证据以挑战一些主流观点，这是服务社会的一种有效途径。

当然，重要的是不要夸大这一点。一个纯粹唱反调的人，也就是那些为了反对而反对的人，可能对社会没有多大的贡献。首先，大多数人和团体在大多数情况下，在大多数事情上都是正确的。如果确实如此，那么纯粹唱反调的人在大多数时候都是错误的。其次，一个纯粹唱反调的人的观点不会包含太多的"信号"——因为他不同意仅仅是因为他不想同意，所以人们不会把他当回事。

法学家卡斯·桑斯坦（Cass Sunstein）在解释从众的危害时警告说，"我们不应该抱怨社会影响，也不应该寄希望它们会消失。很多时候，当人们仔细考虑别人的做法时，他们也会做得更好。"[17]社会已经接受的许多惯例和社会规范发挥着有益的作用。此外，即使引起分歧或社会压力的争议性问题似乎无处不在，它们也只是冰山一角。几乎在任何一个社会，都存在着对一些事实和规范达成共识的一个基础。社会的大多数成员都认同偷窃是错误的，植物需要浇水才能生长，二加二等于四，别人在道路的哪侧开车自己就在哪侧开车是不会错的。如果在每件事情上都常常会爆发冲突，社会就不可能存在，因为社会需要协调与合作。

与他人达成共识，这在我们祖先的进化过程中意义重大。例如，与他人合作狩猎大型猎物时，就需要很多协议和配合。猎人们必须就猎杀哪种动物、用什么样的方法、每个人都扮演什么角色、如何分配（猎物换来的）赏金等问题达成一致意见。因此，协议对于合作来说是必不可少的，而合作对于人类社会也是必不可少的。[18]

然而，遵从也有其负面性。扛住压力说出自己想法的人在社会上起到了至关重要的作用。桑斯坦继续谈道："但是社会影响也会降低任何一个群体内信息的总水平，而且在很多时候，它们有可能把个人和机构引至错误的方向。提出不同意见可能是一种重要的纠错措施；许多群体和机构都缺乏这样不同的声音……随波逐流的人除了"搭便车"外毫无助益，而持不同意见的人却往往会给别人带来好处。"[19]

知识生产机构

盲点是由社会压力造成的，因为它使得一个为重要议题提供证据的一方付出高昂的代价，而另一方则不用付出代价，甚至还能从中受益。无论何时，只要存在这样的激励，我们就应该怀疑由此产生的世界观在某种程度上是扭曲的。在负责知识生产和传播的机构内部，如大学系统内各种类型和领域的研究小组以及学术部门，讨论这些激励特别重要。

根据现代劳动分工，这些机构专门从事知识生产的工作；因此，社会中其他部门就要依靠它们来准确认知这个世界。然而，社会中的其他个体没有时间和资源来核验这些机构生产的所有成果，因此信任就显得十分必要了。同样的道理，你没有时间或资金去核验律师、医生或会计师替你做的所有工作——当你与这些专业人员有来往时,就需要信任了。

然而,负责知识生产的机构内部存在的社会压力可能会妨碍它们履行使命,扭曲它们生产的成果。科学只有通过体制化反证才能很好地发挥作用,即这样的一种情形:研究人员可以自由地去否定任一和所有有争议的假设,社会甚至还激励他们这样做。

随着时间的推移,科学已经推翻了人类在认识世界时得出的那些似乎极其自然的假设。许多事情我们凭直觉认为是对的,但实际都是错误的。尽管从我们的角度看地球是平的,但事实证明,地球大致是个球形。虽然看起来像是太阳绕着地球转,但事实恰恰相反。在17世纪,伽利略·伽利雷(Galileo Galilei)因捍卫这一观点而受到天主教会的迫害。如果不需要付出此等代价,科学自然可以将自身作用发挥到极致——寻求真理就不需要像伽利略一般牺牲自我。[20]

现代物理学进一步颠覆了我们对世界的直观认识。那些在我们看来"实心"的东西——桌子、石头、书等——实际上主要由空隙构成。[21] 物理现实的基本单位兼有粒子和波的属性。著名的阿尔伯特·爱因斯坦(Albert Einstein)证明了时间不是绝对的。两个空间上遥远的事件是否同时发生取决于观察者的参照系。他进一步表明,空间和时间就是以这样一种方式交织在一起,最好把它们看作"时空"。根据目前用来解释大型物体行为的最佳模型，引力是大质量物体周围时空发生"弯曲"的结果。[22]这多神奇啊！

科学领域的这些非凡发现为什么与我们对世界的直观感知相去甚远呢？科学是共同协作得来的成果，即使是在一个小得不能再小的子领域，也没有一个人可以独自完成所有的工作。科学涉及庞大的劳动分工。但要让我们相信科学的成果，激励机制就必须得是正确的。无论真理是什么，只要科学家找到了真理，就应当得到奖励。总体而言，事实就是如此，这也是为什么科学在整体上如此成功。在物理或化学领域，如果你的实验数据能推翻一个重大且被普遍接受的假说，你将获得许多职业上的奖励——你可能会在《自然》（*Nature*）或《科学》（*Science*）等著名期刊上发表文章，也可能会在未来获得大笔资助，获得一个教授席位，甚至可能会获得诺贝尔奖。

有了这些激励，物理学和化学就会进行自我修正。如果一个假说很容易被推翻，它就无法存在太久。在证伪激励的推动下，研究人员会很快设计实验来证明为什么这个假设不成立。斯洛曼和费恩巴赫写道："科学理论要经得起检验。如果科学家对研究结果撒了谎，或犯了错误，他们最终很可能会被发现，因为如果这是一个重要的研究课题，就会有人试图复制他们的研究，但却发现无法得到与他们相同的结果。"[23]多年来，许多科学家一再强调科学这一特征的重要性。任何时候,公认的知识只要偏离了真理,就会很快得到纠正。

把知识生产理解为集体努力(在很大程度上依赖于维护认知常识)的成果,有助于我们理解为什么约翰·穆勒在《论自由》中为我们的科学信仰辩护,尽管他的解释听起来有些激进。他写道:

> 如果连牛顿的理论都不允许质疑,人类就不可能像现在这样完全确信其真实性。最值得我们信赖的信念一直在向全世界发出邀请,吸引人们证明它们毫无根据,除此之外,没有任何保障。[24]

因此,试想一下,如果批评牛顿物理学的人发现,只要对部分观点提出质疑,他们就会失业,或受到指责、威胁等等,那么一个生活在穆勒那个时代(约19世纪中期)的人能相信物理学吗?如果一个人在试图否定牛顿定律时面临着一场非常艰难的斗争,而他也知道这种情况,他还有理由相信牛顿定律吗?似乎没有。因为他缺乏必要的资金来核验研究人员的成果,如果这个人不是物理学家的话便更是如此了。尽管他所知有充分的理由否定牛顿定律,只是不允许拿到明面上去讨论。

事实证明,牛顿物理学只在近似值上是准确的。对于以相对较低的速度(即远低于光速)运动的宏观物体,牛顿定律能让我们得出近似正确的预测。然而,正如爱因斯坦后来(也就是穆勒去世几十年后)证明的那样,当物体以接近光速的速度运动时,牛顿物理学就失灵了。此外,牛顿假设空间、时间和质量是绝对的,但爱因斯坦证明了它们是相对的。哪些事件是同时发生的,物体有多长,质量有多大,这些都取决于观察者的参照系。如果你相对于我站的地方,以一半的光速移动,那么一张桌子的长度对你和我来说就会大不相同。因此,即使是在穆勒的时代已经认可并被无数实验证实的牛顿物理学,也不是神圣不可侵犯的。

因此,科学研究过程必须要系统进行,这样它才值得我们信任和信赖。如果找到了某个科学定论的相反证据,它会被查证、公开并纳入主流科学共识吗?这个问题的答案必然是肯定的。

在某种意义上,科学事业必须是客观的。这种客观性意味着什么?哲学家海伦·朗吉诺(Helen Longino)认为,这需要对她所谓的"变革性批判"(tansformative critique)持开放态度。在朗吉诺看来,科学从根本上讲是一种社会实践,正是由于这一事实,科学的客观性才能被保证。每个研究人员都有自己独特的视角和偏见。然而,"科学"并不是将每位科学家的发现简单相加。科学基本上是由社会群体实践所得，而不是个体。接受某个科学知识，要经过一系列社会程序，比如同行评议、重复实验，以及不同假说或范式捍卫者之间的争辩。这是科学知识的特征，而不是缺点。朗吉诺说："只有把研究结果看作是由多个个体之间可能就一种普遍现象进行批判性讨论而形成的，我们才能看到它们是如何被视为知识而不只是观点的。"[25] 因此，科学界的观点越多样化，这一过程就可能越客观。

这些经验之谈并不仅限于科学。根据朗吉诺的观点，哲学或文学批评也可以通过这种方式保持客观。然而，"客观"在本质上取决于该领域内的社会条件是否允许激烈的批判性讨论。一个运行良好的探索领域，一个我们有理由认真对待其产出的领域，必须是一个鼓励人们勇于批判和提出异议的领域。没有哪个观点是神圣不可侵犯的，也没有哪个观点是不可批判的。

为了验证这些观点，先来探讨一下元伦理学的哲学领域吧。这门分支学科提出了关于道德主张的本质和认识论的基本问题。这些问题包括但不限于以下内容：有什么道德真相吗？如果有，它们是主观的还是客观的？这些真相是否可以通过自然科学的方法发现并研究呢？我们是如何获得道德知识的？当我们说"谋杀是错的"时，我们表达的东西更像是一种信仰，还是一种情感？[26]

在我的印象中，元伦理学领域运行良好，在这儿堪称一个完美例子。捍卫各种不同立场（自然主义、非自然主义、差错理论、表现主义、建构主义、休谟主义）的人们都登顶行业的最高峰，获得了著名的奖项，被授予教授席位，在精英大学任职，等等。因此，不同视角和模式的辩论可以在该学科中共同存在并蓬勃发展。就我所知，在元伦理学的各种争论中，为任何一方呐喊都不算耻辱。因此，该行业的年轻人可以自由地跟随论证的一方。因此，在逻辑空间内，许多不同的观点都拥有一些声名卓著、受人尊敬的捍卫者。[27]

当我们审视这一学科的成果时，我们可以相当自信地认为，没有一项成果未经过检验。如果能够用一个简单的论点来反对某个立场，那么很可能会直接引用它；正如树上剩下的果实可能是太高够不着的，人们很少援引晦涩难懂、高不可攀的论点。我们不必担心争论中一方因理由堆积如山而存在，而另一方因理由过少被过滤或抛弃掉。元伦理学之所以能发展得如此良好，部分原因可能在于它的主题虽然引人入胜、令人振奋，但并没有"激起民愤"。人们不会因为你为非自然主义或表现主义辩护而生气。

由于没有这样的社会压力，我们发现每个立场都有几个捍卫者。这反过来又加强了元伦理学家遵循其论点的意愿。还有一种人数优势也需要被考虑。对比一下，假设每1个非自然主义者（否认自然主义的人）对战100个自然主义者（他们相信道德属性是自然属性，原则上可以用自然科学的方法加以研究）。如果是这样的情形，很难想象捍卫非自然主义者感觉不到孤立和社会压力。这种压力，无论是真实存在的还是感知到的，尤其会影响到刚刚步入职业生涯的研究人员，比如未来前景还不明朗的研究生。一位颇有前途的毕业生虽倾向于为非自然主义辩护，采取行动前也会三思。这位学生可能会接受这样的事实：自然主义者占绝大多数，无论是有意还是无意，正确还是错误，他会认为为非自然主义辩护是一个不太明智的职业选择。

假设现在我们给非自然主义的捍卫者加上一个污名。想象一下，非自然主义的捍卫者不仅会受到公开谴责，还会被认为品行不端。我们将看到污名化如何导致辩论一方的理由堆积起来。这样就会产生激励倒错，它将破坏我们对这个研究团体成果应有的信任。幸运的是，就目前的情况来看，这种压力在元伦理学领域并不存在。事实上，在该领域公开指责自己思想上的对手品行不好，会被认为严重缺乏职业道德，对他人进行人身攻击的人会很快失去在这个行业中的地位。

我一直将现代物理学、化学和元伦理学作为运作良好的研究氛围的典范（当然，它们可能并不完美）。但是这种情况在我们的知识生产机构中是普遍存在的吗？和其他学者一样，经济学家格伦·劳里（Glenn Loury）表示有理由为此而感到担忧。1994年，他在一篇题为《公共话语中的自我审查》（*Self-Censorship in Public Discourse*）的煽动性文章中写道：

> 在公众心目中，社会科学研究的某些领域与敏感的政策问题密切相关，因此现在客观、学术地讨论这些问题是不可能的。我们已经习惯的是言辞竞赛，即在辩论中，竞争阵营竞相抛出大量数据和有倾向性的分析，而不是公开辩论，即用相反的论点和证据说服参与者改变其最初设想。[28]

在文章后面的一个段落中，劳里指出，一个研究团体内部的激励倒错会降低我们对待其成果的认真程度：

> 在报告研究（如最低工资对就业的影响，或者母亲的就业对儿童发展的影响）结果时，如果其他"科学家"主要关心的是提出对人不对事的质疑，即"到底是什么样的经济学家、社会学家或诸如此类的人才会这么说？"等这样的问题，那么客观研究的概念会变得毫无意义。调查

人员不仅会被诱导进行自我审查,评估研究的方式以及就"事实"达成共识的方式也将被改变。如果一项研究得出的结论不受欢迎,那它就会受到更严格的审查,并且需要研究人员花费更多的精力来应对针对它的批驳,那么这样一来,就会产生一种明显的"社会渴望什么,我们就发现什么"的偏向。因此,构建我们对周围世界的认知方式可能会受到策略表达现象的影响。[29]

在某种程度上,劳里是正确的,我们关于各个领域产出的认知状况是不稳定的,这些领域以他上面描述的方式被政治化了。然而,考虑到所有这些辩论与政策有关,辩论的相关证据又堆积如山,我们没有人有所需的时间、精力或专业知识来深究一切,并做出正确的判断。因此我们不可避免地要依赖这些领域的从业人员出版的期刊、教科书和公开发表的讲座内容。但如果这些领域的激励机制像劳里描述的那样被扭曲,那么这种依赖的结果是——我们接触到的事实都是经过片面选择和分析的。根据具体情况,在某些特定主题上,这可能会使我们在认知上处于一个比无知或悬搁判断(suspension of judgement)更糟糕的境地。这就像陪审团被迫听几个小时原告的辩论,而完全听不到被告方的辩论一样。这样的话,陪审团在之前对这个案子没有任何看法反而会更好!

所有这些都让我们陷入了一个严峻的困境,尤其是因为,与元伦理学(抱歉,元伦理学家,老提你们)不同,劳里所提到的那些研究对于从现实的决策视角做出正确判断是极其重要的。因此,当涉及这些知识领域时,正确维护认知常识就显得尤为重要。

结论

社会压力会掩盖证据,制造盲点,造成很大危害。在任何时候,只要有这种社会压力,我们就应该怀疑我们的世界观在一些重要方面被扭曲了。这样做的伦理结果是什么?如果真是这样,作为个体,我们应该怎么做?这将是下一章讨论的主题。

第二章
说出自己想法的义务

我们不要随随便便就在最重要的事情上达成一致。

——赫拉克利特[1]（Heraclitus）

"搭便车"的从众心理

"搭便车"的确很诱人，但我们通常认为这是不道德的行为。最起码，"搭便车"的人不能被当作道德美德的典范。想想那个因为知道别人会打扫卫生就偷懒的室友；想想那些在公园遛狗却从不清理狗狗粪便的人；还有那些开着一辆耗油的悍马，且从不回收再利用资源的人。保持房间的干净整洁，维护

---

[1] 赫拉克利特：公元前5世纪的古希腊哲学家。他认为万物都是在不断运动变化的，他曾说过一句名言"人不能两次踏进同一条河流"。通常被认为是辩证法的奠基者，著有《论自然》。——译者注

公园的卫生，防止环境退化，面对这些重要工作时，那些喜欢"搭便车"的人往往不愿意出力，却乐于享受别人的成果。

一般来说，只要是公共资源，人们就难以抵挡"搭便车"的诱惑。比如干净的水池、公园或公共场所都是常见的公共资源。从这个意义上来说，避免人们从"搭便车"中获益是不可能的，也是不可行的。干净的环境利于每一个人，然而，对于每个人来说，为了保持环境干净所付出的代价——例如回收再利用资源、开更节能的车、少吃肉等——都远远超过了能给他带来的好处。所以，有一个干净的公园固然是件好事，但对许多人来说，清理狗的粪便保持公园干净所付出的辛苦与得到的好处相比，这样做是不值当的。换句话说，代价是个人独自承担，但收益却是大家分摊。在任何情况下，只要存在这样的逻辑结构，人们就会面临"搭便车"的诱惑。

我一直在论证这样一个观点，那就是认知常识也具有很重要的意义。由于认知劳动的分工，我们的认知健康取决于他人的认知健康。首先，我们无法自己验证一切。其次，我们的思维模式深受周围文化的影响。隐藏证据的社会压力可能会导致我们对这个世界的视角发生扭曲，这种扭曲有着潜在的危险性，但却是可以避免的。就像我在上一章所描述的大坝或是切尔诺贝利核电站等案例中，这种扭曲会产生灾难性的后果，影响深远。就像保护大气、河流和海洋等天然资源一样，保护我们的认知常识，即我们所在的群体中所持有的证据和观点也同样重要。

我们都会面临公地悲剧问题，因为通常来说，当群体对世界有更清晰的认知，个人就会从中受益（至少从长远来看是这样）。如果信息能自由共享，那么在上一章提到的和大坝案例有关的每个人都会过得更好。同样地，如果能早点发现切尔诺贝利核灾难的起因，想必所有相关人士也能过得更好。这些案例具有实际意义，即灾难对各方人士都有巨大的实际影响（统统是负面的）。当然，我们也可以单纯从认知角度提出同样的观点。如果信息能在成员间自由共享，那他们对这个世界的看法将会更加准确。换言之，所有个体都会开阔自己的认知视野，这就是我在上文所描述的党派团体。

然而，问题在于代价往往是个人独自承担的。正如在上一章所说的党派团体中，如果爱丽丝与他人分享关于犯罪和治安的证据，那么就她所知，她在团体中的地位将岌岌可危，但她分享证据所获得的（认知）好处却会使每个人都受益。诸如此类，如果一位懒惰的室友愿意去清洗餐具，那么当他付出了劳动，房间里的其他人就都能使用干净的水槽。因此，以上这两种情况都存在"搭便车"的诱惑。

在上面两种情况中，"搭便车"从某种意义上说是合理的。假设一个懒惰室友逃避打扫卫生的义务而未受到其他室友的批评,那他会使自身利益最大化。狭义地说,就是专门选在别人打扫卫生的时候来给自己放松一下。同样,不清理狗的粪便的人在逃避这一责任的同时也能享受到整洁的公园环境。我想补充的是,从众者受益于良好的认知常识,从而辛苦其他人(即持不同意见者)。从狭隘的利己主义者的角度来看,这也许是合理的。

事实上,并非只有我持有这一观点。桑斯坦在最后一章的引用中也做了强调。丹·卡亨(Dan Kahan)和他的同事以研究文化认知和动机性理性而闻名,他们也赞同这个观点:

> 从个人福祉的角度来看,个人朝着促进文化或政治信仰一致的方向去努力,来参与与决策相关的科学活动是完全合理的。无论是面对气候变化的现实状况、处理核废料的危害还是枪支管制的效果,公众中任何个人的看法都无关紧要,因为这不足以规避他本人以及他关心的人会面临的风险。然而,鉴于在这些问题上的立场意味着一个人的主导信念,如果此人秉持的信念与其所属的重要亲和群体中的主导信念不一致,那他(她)可能会面临一系列非常不愉快的后果。[1]

其他人则指出,想要做一个完全知情的选民实际上是不理性的,除非你就是喜欢无所不知,或者认为在道德层面自己有充分的理由了解选举的全貌。我们可以这样理解这个想法。成为一名完全知情的选民需要付出大量的时间和精力，它不仅要求仔细研究复杂的法案和投票记录，还要学习大量的经济学知识，认真反思公共政策，了解各种数据，等等。所以，所有这些都算在了总账的成本部分。那么收益部分是什么呢？好吧，那就是你可以根据自己已知的信息去投票。但是个人投票几乎不会产生任何影响，你凭一己之力去改变全国甚至整个州的选举格局的机会都非常之小。所以，你也不会获得多少回报，你的付出多半是徒劳无功。由此可见，大多数的选民理性地对这些重要问题表现出一无所知。[2]

然而，我想强调的是，我们往往无法知道自己拥有的证据将如何促进群体健全认知。这些很可能是消除盲点或改变他人动因的关键证据，促使他们揭开所谓的消除集体盲点的帷幕。考虑到我们所关心的或应该关心的问题，这样做对我们来说付出代价也许也是值得的。虽然"说出你的想法"这一理念可以从不同角度来理解，但本章将重点从个人公开证据的道德层面来理解。

再谈大坝和工程师的案例

再想想上一章中提到的大坝和工程师的案例。假设其中一位掌握原因3的工程师站出来分享他的信息，那么现在，原因3就成为众所周知的了。这个时候，其他两位工程师清楚，他们也应该分享自己的信息——就目前而言，3人之间的信息共享就变得明显重要了。

在我提出这个案例的时候，单条认为大坝即将决堤的反证，其本身并不足以驳倒原因1和原因2。但是，只要将原因3、原因4和原因5放在一起，尽管原因1和原因2依然存在，但能得出大坝即将决堤的结论。现在，证据以无数种不同的方式在发挥作用。但为了简单起见，让我们假设这里的证据正以一种线性和聚合的方式在起作用。假设每条证据的权重为1，并且这些证据像天平上的砝码一样在不断累积。所以，如果原因1和原因2在天平的一侧，并且其他证据中只有一个在天平的另一侧，那么天平就会向"大坝不会决堤"的一边倾斜。然而，如果原因3、原因4和原因5在另一侧同时出现，那么天平就会向"大坝会决堤"的一边倾斜。就目前的情况而言，每个工程师只知道其中一个原因，因此从他们的角度来看，大坝是安全的，此时站出来发表"大坝决堤"这样引人担忧的证据除了招致社会谴责外，毫无意义。但关键在于，没有工程师知道其他人所掌握的证据也属于"一旦被公开，即有可能得出大坝将决堤结论"这种证据。

当其中一个工程师站出来说出原因3时，从另外两位工程师的角度来看，正反两方的原因就不相上下了。想象一下他们的天平会变成什么样子。一位工程师知道原因1和原因2（赞成一方），以及原因3和原因4（反对一方）。另一位工程师知道原因1和原因2（赞成一方），以及原因3和原因5（反对一方）。所以，从他们的角度来看，大坝有可能会倒塌，他们不能百分百确定——可以说，天平两端的重量是平衡的。

所以现在，"我的证据无论如何都不会起作用"这一思路是不对的。即便从纯粹利己的角度出发，另外两位工程师也绝对应该公开自己的证据。依照证据，大坝是否会决堤还悬而未决，那么接下来应该进行严肃的讨论和进一步的测试。这将鼓励其他工程师公开他们的证据，并寻求关于大坝决堤可能性的讨论。

这时，假设知道原因4的工程师站出来了。那么，那位坚持没站出来的工程师现在也清楚地知道大坝将决堤，因为他掌握了原因1到原因5的所有相关证据。从他的角度来看，结果是很可怕的。假设他还有最后一丝理性，他将分享最后一条证据，灾难会因此得以避免。

通过这个例子，我想说的是，我们通常无法判断自己的证据是如何从整体上影响某一特定主张的，更不清楚它如何改变其他人的决定来公开自己的证据。关键在于，社会压力的存在可能会让我们看不清所属群体的证据景观（evidential landscape）。因此，每当有社会压力迫使我们隐瞒证据时，我们都应该怀疑——虽然不是十分确定——是否存在一个重要的盲点。我们可能不知道自己的证据会对认知常识产生怎样的影响，我们也不知道它是否会成为消除盲点或以重要的新视角展示某些问题的关键部分。这可能无关紧要，但又可能至关重要。当社会压力遮盖了证据景观时，问题就变得比卡亨及其同事描述的更为严重。

有义务说出自己的想法

我认为，每当社会压力迫使我们隐瞒自己所拥有的证据时，我们都有义务去揭露它。正是在这个意义上，我们有义务说出自己的想法。这是一项显见义务（prima facie duty）❶：不必在所有情况下都负有决定性的义务。比如，我们有不违背诺言的显见义务。如果，原本答应和朋友共进午餐，但如果失约是为了挽救他人的生命，那你显然应该选择失约。[3]

---

❶ 显见义务，又称表面义务（prima facie duty），是义务论直觉主义伦理学的代表英国哲学家罗斯（W.D.Ross，1877—1971）提出的一个概念，指一切人在考量任何其他因素之前一般应遵从的义务。罗斯列出了6种显见的义务：一、诚实，守诺与偿还；二、感恩的回报；三、公正；四、行善助人；五、发展自己；六、不伤害他人。最后一项"不伤害他人"最为优先，最具有强制力。——译者注

事实上，有时勇于公开被隐瞒的证据因为需要付出的代价而会令人望而却步。在极权统治下，人们可能会因提供了一些证据而遭受死刑，因为这证明某些政策没有预期的那样有效。[4]在那样可怕的情况下，期望人们说出自己的想法未免太强人所难了——道德不能如此苛刻。

然而，在许多情况下，这些代价虽然存在，但人们却远远不至于像在苏联劳改营中那样，会遭受死刑或过劳死亡。生活在现代民主国家的我们，付出的代价通常也会是真实的。往最坏了想，你也许会失业，不得不去找其他工作。但通常情况下，这些代价可能只会造成社会或职业地位上的小小损失——你可能只会失去一些社会或职业地位。就像我在前面所提到的，党派人士可能不会因为透露有关犯罪或堕胎的其他信息而被解雇。然而，他们很可能会在社会群体中失去一些地位。尽管如此，这样的代价不应该令人望而却步。道德的确不能苛求太多，但它确实对我们提出了要求。在许多情况下，它促使我们放弃狭隘的私利，转而去追求更广泛的利益。

如果我们没有这种道德感去牺牲狭隘的自我利益，那么"搭便车"就不会令人反感（除了一大堆其他的不良行为）。乱扔垃圾、严重污染环境、让别人洗碗等行为也都没有错。然而，这些行为毫无疑问是不对的，因为这些人依赖别人的合作，而自己却没有任何合作的表示。每当社会压力迫使我们隐瞒自己的证据时，我认为，人们就有义务去反抗这种压力，即便这只是一种显见义务。同时，只要社会代价不是高昂到令人难以承受，我们就有义务公开证据。

在各种共同的情景中，我们都肩负着道德责任。这是我们思考普通道德义务方式的自然延伸：我们都有不"搭便车"的显见义务，除非这样做会付出难以承受的高昂代价。因此，我们可以理解一个贫穷的渔夫为了养家糊口而过度捕鱼。对他来说，合作的代价太高了——以致让他无法养活家人。但是，如果有人明明健康能干却不清理自己的狗留下的粪便，或是明明有能力而且还能轻易做到但却不愿意回收垃圾，那我们完全有理由对这些人不满。

不完全义务与未雨绸缪

说出自己想法的义务到底意味着什么？换句话说，如果有这样的义务，那它建议我们什么时候公开证据？从以上讨论中，可以自然地归纳出下面这样一个模型：

> 每当有社会压力要求你不要公开证据 E，并且你这样做的代价没有达到某个阈值 T 时，你应该把证据 E 分享出来。

如上所述，社会压力要求隐瞒证据这一现象表明社会中可能存在盲点。一方面，鉴于公开自己的证据有助于维护认知常识，所以它可能是一种重要的纠错措施，也是一种有益服务。另一方面，如果道德要求如此之高，个人即使面临处决或监禁也要公开自己的证据，那么这是不合理的。因此，上述模型包含的原则似乎体现了这两个方面。

然而，上述原则面临着几个问题。第一个问题可以被称为"奶奶难看的毛衣"问题。假设奶奶为你织了一件毛衣作为圣诞礼物。结果你发现毛衣的款式是自己不喜欢的，也不是自己一贯的风格。当你撕开包装纸时，你应该说出内心的真实想法吗？显然不应该。但这种情况似乎符合上述原则中概述的条件。社会压力迫使你不敢表达对这件毛衣的不喜欢：你的家人可能会对你生气。而且，说不喜欢的代价也不高——你不会被送进集中营。所以这个案例说明了什么？这个案例的一个关键特征是，它涉及的根本问题并不具有普遍的重要性。相比之下，我们之前看到的案例确实具有普遍的社会意义——大坝的稳定性、解决犯罪的合理政策、堕胎的道德等。因此，似乎只有当手头的事情足够重要时，公开证据的义务才会生效。

第二个问题是，即使该原则在任何一个特定情况下可能不会太苛刻，但始终要求从道德上遵循该原则就会过于严苛了。想想看：对我来说，要求给一家经营良好的慈善机构捐赠 100 美元并不过分。但是，如果有 100 家这样的慈善机构每家都要我去捐赠，那么鉴于我的财务状况和要承担的家庭责任，这一道德要求就过于苛刻了。同样，要求人们在每一个有社会压力的案件中公开证据也可能过于苛刻了，即使案件涉及的事情足够重要。

这表明我们应该理解公开证据的义务是一种不完全义务。关于完全义务和不完全义务，伊曼努尔·康德（Immanuel Kant）有一个著名的论断。[5] 完全义务要求坚决履行，不存在任何自由裁量权，也没有回旋的余地。例如，你不应该为了享受一个愉快的假期而去偷邻居的车并卖掉它。本就不该这样做，没有为什么。康德还认为，我们有义务造福他人，也有义务自我完善。但是，履行慈善义务的方式并非只有一种。它可以通过多种方式来履行，比如志愿参加当地的清洁工作，或是成为一个乐于助人的朋友等。同样地，践行自我完善的责任也可以多措并举。例如，如果履行义务需要改善身体状况，那么你可以通过跑步、骑自行车、游泳或举重训练来实现，有很大的自由度和自由裁量权。

同样，哲学家珍妮弗·拉基（Jennifer Lackey）将反对义务（大致上是纠正谬误的义务）描述为不完全义务。她写道：

正如我应该为提高他人的道德水准做出贡献一样，我也应该尽自己的一份力量，去阻止虚假和不合理的信仰的传播。当然，我不需要每次都插手。如果没有自由裁量权，我从早到晚的时间都需要用来反对新闻、脸书订阅以及餐桌上的言论等。[6]

总之，就像慈善义务一样，拉基认为反对义务也属不完全义务。在她看来，为了履行这一义务，我们需要承担多少取决于另外两件事：一是我们的社会地位，二是我们群体中的其他人已经在做的事情。我们的社会地位（包括身份、财富等）越高，我们需要做的事情就越多。举例来说，社会地位较高的人所发表的言论往往会产生更大的影响，而且他们需要付出的代价也更低。例如，一位终身教授比一名研究生所担的风险就要小。关于第二点，如果其他人已经做了很多反对的事情，那么按照拉基的话来说，我们的负担就小多了。因此，如果其他人都尽了自己应尽的义务，那我们就可以少做一些。相比之下，如果其他人都在向慈善机构捐款，那我们就不需要捐赠那么多。但是，如果捐赠的人相对较少，慈善义务将对我们提出更高的要求。

面对社会压力公开证据的义务也将具有类似的结构特征。

任何情况下，只要社会压力不允许我们公开自己的证据（即使是和"奶奶难看的毛衣"问题不冲突的情况下），我们就都得公开，那这个要求未免太过苛刻。还要注意的是，由于我提出的义务是在面临社会压力时公开证据的义务，只要代价不是太高，它就会自动符合拉基提出的条件。如果其他许多人都公开某一特定证据，那么反对这样做的社会压力几乎不值一提。但是，无责任公开证据并不是这项义务的意义所在。我没有义务说地球现在围绕太阳旋转，我对此不用付出任何代价。但大约在17世纪末，人们可能会付出这种代价。另外，由于代价至关重要，例如，终身教授通常比研究生更有责任公开某些证据，因为研究生这样做可能因此面临以后找不到工作的风险。

最后，上述提议面临的第三个问题是，有备无患总是没错的。这个短语起源于17世纪，当时英国将军兼政治家奥利弗·克伦威尔（Oliver Cromwell）建议士兵保持火药干燥。如果你的火药被打湿了，那在需要的时候就无法开火，因此从战略上来说，要时刻关注你的资源，并做好充分的准备。同样，如果你从不顾及社会压力，总是逆势而上，即使你并不叛逆，也可能给人留下叛逆的印象。这会给你扣上不必要的帽子，让人们不把你当回事。比如，根据具体情况，这种行为可能会是向别人发出的信号，表明你不属于他们这个群体。经验表明，人们对非本群体成员的证词的信任度基本上都会大打折扣。桑斯坦解释说："如果人们似乎来自我们不信任或不喜欢的某个群体，或者某种'外来群体'，他们就不太可能影响到我们，即使是在最简单的问题上，情况也是如此。事实上，我们可能会说或做相反的事情［即"反应性贬值"（reactive devaluation）］。[7]

因此，一个人必须有一定的前瞻性，才能履行适当维护认知常识（认知公域）的职责。康德式不完全义务的自由度和自由裁量权特征在这里也包括一个策略因素。当然，什么策略才是合适的，在很大程度上取决于其所处的环境。从某种程度上来说，任何一般性建议都是多余的。

分享证据 VS 反叛、挑衅

如果桑斯坦是对的，那么从众者就倾向于坐享其成，因此，他们的道德行为还有待改进。但另一方面，纯粹的叛逆者也不能成为道德典范。回想一下，纯粹的叛逆者与他人的分歧仅仅只是为了分歧。也许他只是想从与他人的分歧中得到乐趣。显然，这样的人很少见，大多数人都想融入他人。但尽管如此，我们还是要留意叛逆的可能。毕竟在这方面，一个有道德的人似乎处于两个极端的中间，一个极端是顺从，另一个极端是叛逆。

还有另外一种相关但也许更有恶意的角色：喷子（troll）。喷子喜欢激怒别人。在匿名的网络言论中，喷子的身影随处可见。他们捍卫流行观点，也捍卫一些非匿名的网络言论。喷子会故意说一些话语以激起他人强烈的情绪反应，尤其是让人愤怒、沮丧或幻灭。而且，他也承认自己所做的一切都是为了激起这种反应。因此，他的目标并不是挖掘事情真相，或是完善自己的观点。

如果我前面一直假定的义务中包含了喷子这样的人来做好事，那就太糟糕了。幸运的是，事实并非如此。这一义务是指在面对观点相左的社会压力时公开证据的义务。什么是证据？哲学家托马斯·凯利（Thomas Kelly）解释道："直觉上，证据是一个人用来得出某一观点时必须有的根据，是夏洛克·福尔摩斯（Sherlock Holmes）仔细收集的信息和调查的真相，并据此推断出罪犯的身份。"[8] 理性思考者基于本身拥有的全部证据正确地建立起自己的信仰，这意味着证据可以有多种形式和规模，可能涉及直接感知、论据、数据集和统计分析，或者其他人的证词等。这些都可以成为建立自己信仰的合理基础。

为了验证这些观点，假设手头要探讨的重要议题是关于犯罪和治安的关系。比如，我们对一个地区内增加警力是否会减少暴力犯罪这一议题感兴趣。那这个议题的相关证据是什么呢？它可能包括这个社区的犯罪统计数据以及有关警员配备的数据，还可能包括社区个人的第一手资料。

现在，假设在你的社交圈中存在社会压力，反对为有关治安和犯罪的某个观点提供证据，那么公开证据的显见不完全义务就开始在这儿起作用。重要的是，公开证据的人必须提供真实的证据，而喷子只可能会匿名发表与他掌握的证据无关的观点。喷子可能没有看过任何统计数据或第一手资料，只会故意说些激怒别人的话。同样地，叛逆者可能只是在没有任何证据支持的情况下进行幻想假设。重点是，喷子和叛逆者都没有公开证据，也就是说，没有公布任何可以证明犯罪和治安关系是否合理的东西。本章所述的义务将就此提出建议。

诚信

我们也可以分享真实的证据去误导他人。因此，假设一名侦探在调查期间发现了三条证据。其一，在谋杀案发生时，有人看到一个名叫琼斯（Jones）的嫌疑犯进入了这所房子。这就是认为琼斯有犯罪嫌疑。其二，在犯罪现场和凶器上发现的却是史密斯（Smith）的DNA。史密斯没有未谋杀的证据，而琼斯有。因此，总体证据表明凶手是史密斯，而不是琼斯。但假设这个侦探对琼斯怀恨在心，希望他被判有罪。因此，他只透露了第一条证据。

这类证据共享就是典型的恶意行为。本案中，检察官和陪审团原本可以暂缓对嫌疑人的定罪，毕竟他们之前都是能够理性判断的，但侦探故意干扰他们的判断，使情况变得更糟。现在，虽然判案人员已经接触到了证据，但这些证据是经过精心挑选，有意误导他们的。或许，当面对社会压力时，我们公开证据的责任不应该是有意误导他人而应该是出于善意，旨在改善状况，而不是进一步干扰他人判断。[9]

广义上的不完全义务

更广义层面上的不完全义务是为了提升认知常识，其中抵抗住社会压力公开证据的义务，是一类特例。以此类推，向慈善机构捐款的义务（假设有经济来源的话）也是更普遍的慈善义务的一种特例。因此，没多少钱的人也可以通过其他方式履行慈善义务。他们可以不向慈善机构捐款，但通过别的方式帮助他人，比如支持他们的朋友或家人。当然，有钱人和没钱人履行慈善义务的方式并不冲突。对于有钱人来说，履行慈善义务的最好方式既可以是帮助朋友或家人，也可以是包括向慈善机构捐款。

同样,我们中的一些人可能无法提供反抗社会压力的证据。比如,有些人可能没有对最低工资、犯罪、治安以及堕胎等问题进行深入研究。确实,这对我们很多人来说都是事实,因为我们还有很多其他的事情要做:朝九晚五的工作、抚养孩子、锻炼身体、修剪草坪、和朋友聊天,等等。然而,即使这样,我们也可以尽自己的一份力来改善认知常识,即尽我们所能缓解那些反对或禁止分享某种证据或观点的社会压力。

我们有多种方法可以做到这点。例如,一位学者可能会挺身而出,为一位因发表有争议的研究结论而受到抨击的同事伸张正义。正如我稍后将详细讨论的那样,即使表态支持也常常会对其他人产生巨大的社会和心理影响。当然,支持者将因此付出某种代价。因为有些人可能认为他这样做不对,从而回避并排斥他。因此,这样来支持同事很可能会对其自身造成负面的社会影响和职业发展的影响。当然,正如我在前面所强调的,道德高往往会让我们牺牲狭隘的私利,但代价不要太高昂。

此外,那些在负责知识生产和传播的专业领域工作的学者、记者等,可能会采取措施促进其专业领域内的知识多样性:例如,聘用那些能够分享证据以扫除盲点的研究人员或作家。最近的实证研究表明,以团队形式分享证据对意识形态和认知的多样性都颇有益处。思想和认知多元的团队会比单一的团队更善于分享证据(通过客观指标衡量)。[10]

总的来说,我们可能会试图捍卫那些能让人们在相对自由的环境中分享证据的社会规范。这并不是说不能接纳激烈的分歧。当我分享支持观点 X 的证据时,你可能会分享一些反对证据。但关键是要促进一种包容的而不是互相排斥的或回避分歧的社会规范和社会结构。

当那些可能分享某种类型证据的人在一个特定的社交圈或情境中属于少数群体时,这一点尤为重要。这时,大多数人有巨大的优势和空间来恐吓少数人。因此,假设在一个特定语境中,多数人支持观点 X,还投入了大量的情感。那么,对他们来说,这不仅仅是一个"冷冰冰的"问题,也不只是像一些抽象的定理或一堆晦涩难懂的内容,而是在某种程度上接近他们的社会身份。

这样的情境可能会导致反面证据很难出现。现在,多数派将能以各种方式去恐吓少数派。比如,当一个多数派对一个少数派发起人身攻击时,这个多数派可能只会受到一点反击。根据约定俗成的情况,大多数人不愿意相信反面观念。当然,多数派成员可能不会公开表示"我不想让反面证据出现是因为我偏向我所相信的观念,反面证据会破坏这种观念的合理性"。我们不承认自己内心深处的小算盘，相反会倾向于认为少数派不正当，或者证据是捏造的，即使这样的认为并没有根据。然而，两派发起人身攻击的机会并不对等。如果一个少数派这样做了，他将很快被多数派点名抨击，人们已经习以为常了。人身攻击并不是有道德且成熟的人开展研究的做法，但问题是，以这种方式进行不正当"战争"的能力将会极为不对等。

多数派对少数派的恐吓可能还包括散布荒谬（unjustified）的谣言。这些谣言很容易在群体内传播，因为大多数人是愿意相信的。如果少数派不是什么好人，那就更不用把他们当回事了。另外，这些未经证实的谣言会让反面观念的证据很难引起注意。

不对等的恐吓也可能源于不公正的解读和逻辑曲解。多数派倾向于抨击少数派的观点，也就是说，将他们的观点解读得更不合理。然而，任何少数派只要对此试图反抗，就将很快且自然地遭到反对。同样地，多数派对少数派公开谴责、穿小鞋让人付出代价等事情都是如此。多数派能这样恐吓到少数派，少数派却不行。

这里从几个方面强调了：在社会背景或职场中，只要意识形态领域内存在多数派，那么两派施压以让人付出代价的能力就不对等。其中很多事情是在微妙和潜意识的层面上起作用的，关于这一点，后面会详细介绍。这里的重点是，多数派中即便是一个人，也可以去遏制派内其他人的这种行为倾向，从而改善认知常识。因此，这些人也许能够抵制使用人身攻击，并进一步阻止其他人发起人身攻击，虽然这些人对其他人是友好的。当大多数人都赞同人身攻击时，常常有人主张不应当阻止，反而应该赞扬并鼓励，这样就会获得正义感（如果他是同意大多数人的意见）以及社会地位和认可。但是，道德往往会希望我们宁愿不要这种收获。

在一段值得详细引用的文章中，约翰·穆勒在谈到不平等观点时，强调了类似的担忧，因为这种行为倾向牵涉了大量的情感投入：

> 这种辩论所能犯下的最严重的罪行，就是将持相反意见的人污蔑为坏人和不道德的人。那些持有任何不受欢迎意见的人特别容易遭受诽谤，因为他们人数少，也没什么影响力。除了他们自己，没有人对见证正义得到伸张有多大兴趣。但是从案例的性质来看，这种方式并不被那些持相反意见的人所接受：他们不能保障自己使用这种方式，即便可以，也会因顾虑而退缩。一般来说，与主流观点相左的意见，只有凭借合理的表达，才可能会有人愿意聆听。[11]

因此,用穆勒的话来说,改善认知常识的方法之一,就是打造一套"合理的表达"系统,将其作为一种社会规范,而不管一个人对当前问题的实际立场如何。

我想在此强调,纵然"大多数人的意见"与社会压力相关,但不能理解为与整个国家或整个世界相关。在这方面,对人们的行为起决定性作用的是他们的社交圈。放眼整个国家的或世界的族群来看,某些观点可能只属于少数人的意见,但在特定行业、社会阶层或专业网络中却属于多数人(甚至数量是压倒性地多)的意见。事实上,在某个社会和职业背景下,捍卫一种在公众中广泛接受的观点往往需要巨大的勇气。

表达自己的意见需要付出多少社会代价,在很大程度上取决于所处的环境。在乡村小镇需要鼓足勇气才能说出来的话,在新闻编辑部可能并不需要;反之亦然。在世界各地的几个宗教团体中,谁要说无神论者不应该受到法律的惩罚,那是需要极大的勇气的。但在美国一所普通大学里,说出这句话根本不需要勇气——就像说天空是蓝色的、草是绿色的一样稀松平常。

因此,谁是反对者,谁是从众者,这都取决于社会环境。回想一下,如果像我们前面所讨论的那样,将从众行为视作"搭便车",那么区分这两类人很重要。如果某个人的想法和言论与其社交圈中的人一样,那么即使他的立场在整个世界内都处于少数派，他也不是反对者。否则，他就是一个从众者。因为能够将社会代价和其他代价强加给他的不是整个世界，而是其社交圈。

勇于发表观点

有时候，多数派中进行人身攻击的人甚至会被誉为勇者！当然，被誉为勇者和实际是勇者之间是有差别的，尤其是当这种勇气表现为泛泛之谈，而不是实际行动时。一个在自己的社交圈内因分享某个观点而受到广泛称赞的人是否能勇敢地分享另一种观点呢？

他可能会这么想。心理学家所说的道德自我增强是指人们倾向于提高自己的道德评价，尤其是要与他人比较时。特别是，人们往往会认为自己具有道德意义上的高尚品德（如诚实和忠诚）。大量的研究表明，这其实并不合理。然而，一般人认为自己在道德上（在各个方面）比大众平均水平要高。因此，即使仅在自己的社交环境内表达观点受到赞赏，人们也会自认为很勇敢。

但是，何为勇敢呢？古希腊思想家经常借用战争语境来分析勇敢。就像分析所有美德一样，亚里士多德也这样分析勇敢（或英勇）。他认为勇敢是作为两种极端行为的折中之举。

一个懦弱的士兵会过于害怕在战争中牺牲。一个鲁莽的士兵会过于无畏,甚至不等时机就鲁莽地冲向前线。这样的人不仅非常罕见,而且是"某类疯子"。[13] 一个勇敢的士兵恰好处于两者之间。根据亚里士多德的说法,他该害怕时还是会害怕,但也不畏惧光荣赴死。

但请注意,在没有危险的情况下,不能这样定义"勇敢"。即使身处无危险的情况时,一个人也可以是勇敢的。在完全和平的时期,可能在树下或是草地上休息的士兵也是勇敢的。但在这种情况下,"勇敢"没有评定标准。[14]

同样,因发表某一观点而被参照考网中的人们普遍称赞为勇敢,这其实并不能算作勇敢,除非如果明知会受到社交圈的惩罚还发表那个观点,那就不一样了。因为,被普遍称赞为勇敢显然会带来巨大的社会效益。那么付出的代价又是什么呢?在战争年代,可能是死亡。但是在现代民主国家中,表达意见的代价是社会性的。然而根据惯例,也会受到赞扬,所以也会得到好处。当然,有的也并非如此。比如,因表达了某种观点而受到社交圈中大多数人的称赞,但公开这样做又可能会招致牢狱之灾。比如,在 20 世纪初,有一个由致力于推翻殖民政权的独立运动积极分子组成的社交圈。表达反对殖民势力的意见会得到圈内人们的赞扬,但公开这样表达可能会受到殖民统治者的惩罚。不过,生活在民主国家的我们通常不会遇到这种情况。

那么,就其本质而言,勇敢地分享我们的证据就意味着有被社交圈排斥的风险。当然,勇气不易得。勇敢美德的精髓就在于追求勇敢的过程往往伴随着痛苦。正如亚里士多德所言,"坚定地反对令人痛苦的事情;这就是为什么勇敢虽令人痛苦,但却会受到应有的赞扬"[15]。如今,在战争年代,勇敢的人会得到社交圈内人们的称赞,因为敌人在社交圈之外。但在现代民主的背景下,分享证据所涉及的"痛苦"或代价,通常是社交圈本身强加的。因此,我们既不能被自己的社交网络视作勇士,同时又要展现出自己真正的勇气。要知道,鱼与熊掌不可兼得。

边际价值与非正统研究

经济学家和决策理论家用边际的概念为理性决策建模。当消费者购买商品时,他们的决策基于第 n 个单位的边际成本和边际收益。[16] 以购买咖啡为例。比如一杯咖啡 3 美元,第一杯可能会给你带来比这个价格更多的好处;第二杯可能好处仍多于 3 美元;但是第三杯可能就低于 3 美元了,或者你可以将这 3 美元用在别的地方。你已经喝了两杯,并且摄入了大量咖啡因。如果以 50 美分的价格出售,你可以再喝一些无因咖啡，但 3 美元已经不值得了。

这样一来，一件普通商品，虽然其成本保持不变，但其边际收益对我们来说却在降低。一般而言，不管你买多少杯咖啡，咖啡的价格都是 3 美元，但第三杯咖啡的好处远低于第一杯咖啡的好处。当边际成本超过边际收益时，你就不应该再买了。在上述假设中，买完第二杯咖啡就可以结束了。这一决策，如果是合理的，那就是基于"边际"这一概念做出的。这里的问题并不是"相较于一杯咖啡都不喝的话，3 杯咖啡能为我创造多少收益？"。如果选择不喝咖啡，3 杯咖啡对你来说可能值 25 美元。比如说，你每天必须摄入一些咖啡因才能正常工作。然而，这并不意味着，因为它们的价格是 9 美元，而且 25 美元高于 9 美元，你就会买 3 杯。相反，在决定是否购买第三杯咖啡时，你会问自己"第三杯咖啡对我来说值多少钱？"。在这里，答案很可能是：不值 3 美元。

同样，对于个人消费者来说，第三袋橙子的价值远低于第一袋。第三辆车、第三台电脑、第三座房子、第三台电视等也是如此。当然，数字"3"没有什么特别之处，关键在于一种商品的边际单位的价值往往会随着我们拥有的商品数量的增加而降低。因此，第十台电视对我们来说甚至比第三台电视更不值钱。除非这是一位坐拥豪宅的富豪，否则他通常不会买 10 台电视或 10 辆汽车。

边际分析不仅仅适用于个人购买决策。如果你在准备考试，复习材料的第 1 个小时比第 13 个小时更有价值。总的来说，把第 1 个小时花在学习上而不是和朋友出去玩可能是明智的，但是当你已经学习了 12 个小时，放松一下或与人交谈也许会是更为合理地安排时间的行为。同样，每天锻炼的前半小时比后半小时更有价值。

同样的分析也适用于经济学家所说的对公共物品（public goods）的决策。公共物品是非排他性和非竞争性的物品。清新的空气是一种典型的公共资源，我们不能制止其他人享受清新的空气。从某种意义上说，空气是非竞争性的，我享受清新空气不会影响你去享受清新空气。相比之下，一杯咖啡是属于私人的。你可以不让我喝你杯子里的咖啡，而且，我喝了你的咖啡就意味着你剩下的咖啡更少了，所以这是一种竞争。[17]

与公共物品相关的一个麻烦问题是，激励机制—团糟。就拿公路来说吧，公路是公共物品（除非它是收费公路），每个人都需要，但没有人会自主为维护公路买单。比如，为了修建一条道路，镇上的每个人都必须捐 100 美元。这条路对每个人的实际价值可能超过 100 美元，但这并不重要。人们会考虑的是："捐这 100 美元我能获得多少收益？"在这里，答案将是：很少。需要注意的一点是，向该项目捐款是使道路拓宽不到1厘米。但是，这对你来说是不值得的。你可能宁愿去买一张舒适的椅子或去吃一顿美味的晚餐，这些东西会给你带来满足感。问题是，每个人都会这样想，所以最终无人为了公路捐款。

但如果每个人都捐款，那他们的境况会变得更好。毕竟，据推算，这条路对每个人的价值都超过100美元。因此，从个人的角度来看，还有一些利益有待摆在桌面上解决。此时就不得不发挥政府的作用了。政府可以利用强制手段创造道路等公共物品，它通过强制征税来实现，人们无法选择是否纳税，因此他们不得不缴纳这100美元。但奇怪的是，通过非自愿纳税的方式，政府能让他们感觉更好。

以这种方式提供公共物品一直被认为是政府存在的主要理由之一。亚当·斯密认为政府的三大职能是：（1）提供国防；（2）提供司法系统；（3）建立和维护那些公共机构和公共工程项目。尽管它们可能在最大限度上有利于建设一个伟大的社会，但其性质却使得利润永远无法覆盖任何个人付出的成本；因此，不能指望任何个人或少数个人来建立或维护这些机构和公共工程项目。[18]请注意，所有这些职能都可以归入公共物品的范畴。

然而，政府作为创造公共产品的存在，并不能解决所有与公共物品相关的问题。是否应该修建下一条公路？从社区的角度进行理性决策时,应考虑修建公路的总成本,并将其与整个社区从修建公路中获得的收益进行比较。然后要做的就是继续建造,直到收益大于成本。

但问题是,社区并没有修建特定公路的想法。然而,政府内部有。对于政府的管理者来说,理性的做法未必对社区有益。这会让一些公共物品供应不足,而另一些公共物品却供应过剩。当然,理想情况下,政府管理者会做有利于社区的事情。但人并不都是完美的,有时他们会偏袒自己或朋友,而牺牲掉普通社区成员的利益。在民主政体中,选民对其管理者有一定的控制权,但这种控制并不是完全的——它是通过代议制政府的方式实现的,而不是对每一项具体事项进行直接民主决策。这就是政府管理中的委托代理(principal-agent)问题。[19]

现在,学术研究也属于公共领域,也具有不可排他性和非竞争性,因此也给研究人员提供了与修建公路类似的激励制度。如果没有外部资助,任何研究人员的工作几乎都是值不回本。想象一下,一位医学研究者正在寻求特定疗法对某种癌症的潜在益处。为此,她需要数百万美元来养活自己和她的研究助理,并购买实验室设备等。但就她的直接利益而言,其研究永远不会真正"回本",因为她患上这种特殊癌症的概率很低。也许她可能会写一本大众读物,通过这种方式赚一些钱，但这可能无法覆盖所有成本。因此，如果要让她自费的话，那么她花费数年时间来解决这个问题就不值得了，即便她的研究可能对全世界都有巨大的价值。如果她成功了，她可能会拯救许多生命。鉴于此类癌症的流行程度，即使她找到治愈方法的可能性只有50%，也值得社会资助她的工作。因此，为了摆脱这种困境，研究人员往往需要外部资金支持。这些资金通常来自政府、私人捐助者和支付学费的学生。

但需要注意的是，只有当学术研究的边际收益超过边际成本时，它才对社会有益。我想强调的是，这里的"边际效益"可以从广义上进行理解。这些效益可以包括研究的工具价值（开发新技术、寻找治疗方法等）以及其内在价值（知识本身的好处）。据推测，在我自己的哲学领域内的研究基本上是以后一种方式进行的：哲学家通常不会研究如何治疗癌症，如何制造智能手机或宇宙飞船。

当然，当（广义上的）边际收益超过了边际成本时，并不是所有可能的研究都是有价值的。拿一个可能的研究项目来说。该研究的目的是准确计算蒙大拿州一个大牧场内有多少根草。假设这将需要1000人工作1天，总费用为50万美元。社会应该为此提供资金吗？当然不会，那也太荒谬了。不值得花那么多钱去弄清楚这片牧场上有多少根草。资源是稀缺的，我们应该更好地利用它们。

假设身为研究员的比尔（Bill）收到了来自政府和私人捐助者的 50 万美元支票。他本可以拒绝这张支票，这样的话，这笔钱将流向政府和私人捐助者资助的具有代表性的项目，比如扶贫项目、公共工程、美术馆建设等。然而，比尔得到了这笔钱，但却没有任何的附加条件。只要用于研究，他就可以随心所欲地花这笔钱。所以当然，他不能只把钱花在劳力士和游艇上。

假设比尔可以从两个项目中选择一个。其中一个项目是蒙大拿州的大牧场上有多少根草，另一个项目是研究大规模农业对环境的影响。为简单起见，假定比尔经过了适当的培训，拥有了其他资源，可以成功开展任一研究项目。那他就不应该选择前一个项目，钱没有用在刀刃上。看起来他有责任研究后一个项目，虽然这需要付出更多的努力。除此之外，研究伦理的一部分涉及寻求对社会具有足够高的边际价值的项目。理想情况下，这会高于社会为资助上述研究而承担的边际成本。

这一假设与现代研究人员有关，因为我们经常发现自己正处于这种情况中。例如，考虑自己的动机是什么、薪水与研究内容是否相关、做事是否自由……当然，我还没有终身教职。为了获得终身教职，我必须在知名杂志和出版社出版作品。但除此之外，没有内容上的约束。这就是人文学科的模式。社会科学和自然科学的运行方式却与此不同——这类研究通常是有资金支持的，主要由国家科学基金会等政府机构为特定研究项目提供资金。然而，研究教授可以自己决定将资助款项用于哪些项目，当然不是代表他们自己，而是代表他们所在领域的人。我认为，就像比尔一样，我这样的个体，以及决定资助哪个研究项目的人，有责任确保受资助的研究项目的边际收益最大化于（或至少足够大于）成本，即于成本而言获得最大的（或至少足够大的）边际收益。

不过，有时这可能得付出一定的个人代价。从事最高价值的研究可能需要付诸更多的努力，也可能意味着这项研究成果更难被发表。当然，从狭隘的利己角度来看，对研究人员来说，应该做的事情是从事那些在顶级期刊上发表论文最多、获得更好工作和最多资助机会同时付出最少的那个项目。如果统计草叶数量能实现这一目标，那就去统计吧！正如我一直强调的那样，只要代价不是太高，道德常常教我们无视狭隘的自身利益而以更崇高的理念行事。

现在，在一个运作良好的研究领域，个体研究人员受激励机制的驱使，会去从事那些实际上边际价值最高的项目。事实上，计算草叶数量的研究计划不太可能得到国家科学基金会的资助。

在哲学中，我有说过元伦理学是运作良好领域的典范。

现在让我们来假设一个情况,在这个领域有100名自然主义者和一名非自然主义者。这种假设的情况也是不稳定的。想必会有很多合理的论据来支持非自然主义,但是那位非自然主义者还没有进行阐释。这将激励哲学家为非自然主义撰文辩护——从容易实现该目标的事着手。由此,他们将获得在该领域顶级期刊上发表文章的机会,这反过来又会带来更高的地位和更好的就业机会等。如果只有一个人为非自然主义辩护,那这种情况就不会持续很长时间,因为从博弈论的角度来看,这将是不平衡的。[20]

事实上,如前所述,在现代元伦理学领域中存在着各种各样的立场,每个立场都有几个呼声最高的捍卫者。因此,只要社会为支持元伦理学所花费的总金额是合理的,那么研究人员的动机就与社会的利益相一致。社会应该鼓励个体研究人员寻找具有高边际价值的项目。类似的观点大概也适用于物理和化学。研究人员的研究范围很广,并不断地验证各种假设。一个容易被驳倒的假设不会长期屹立不倒,一种新的、有用的、容易被研究的聚合物也不会一直以来都无人研究。这并不是说这3个领域运转完美,而是说它们接近理想状态。

在这种情况下,我们可以这样理解这一问题:把研究领域想象成一棵结满果实的树,而这个领域的人在采摘树上的果实。一个健康的研究领域应该允许个人自由采摘任何他们能摘到的果实。因此,挂得最低的果实将很快被撷取。最后,只剩下那些挂在高处的果实。相比之下,一个不健康的研究领域可能就像一棵果树,在树的某一边摘果实会遇到阻碍。在这样一棵树上,人们只会在其中一边采摘果实,在另一边,即使果实挂得很低人们也不去摘。然而,就像真理可能才是探究的目标一样,如果这里的目标是果实,那么试图采摘最低的果实对社会的边际效益将会非常高。更进一步说,连昂贵的梯子也用不到。

在那些"禁止"采摘低垂果实的领域,如果这么做要付出社会和专业代价,那么个体研究人员应该做些什么?今天会有这样的领域吗?在上一章引用的段落中,格伦·劳里表达了其对社会科学某些领域构成方式的担忧,即在这些领域,大多数成员都希望得出某些结论。因此,如果研究成果会破坏这些结论,或者提供了反对这些结论的证据,那么进行这些研究就会付出一些社会代价。

然而,如果上述分析是正确的,那么正是因为人们不愿意进行此类研究,所以这里还有"低垂的果实"尚未采摘。但是,如果研究人员的工作最终证明了他们可以为人类增加知识储备,而不仅仅是为自己赢得地位和声望,那么每个研究人员似乎都有义务"不务正业"。因为,一旦这样做了,他们为社会提供的边际效益可能是最高的。

当然，正如我一直强调的那样，这项义务是一项显见义务，如果开展这类研究的成本过高，那么这项义务就不必被履行了。此外，成本通常取决于研究内容背后的东西，尤其是研究人员的专业地位。因此，想象这样一种情况：无论从事什么样的研究项目，不论研究有多成功，博士生都无法找到工作。想想看，一个年轻的博士生会决定从事什么研究项目呢？如果要求他从事会毁掉他职业生涯的研究，那么道德要求就太高了。

但请注意，通常此类代价会随着一个人职业生涯的高升而降低。比如，如果这个人在研究型大学获得终身教职，那么从事相关研究项目的代价将大幅降低。既然现在他的生活有了保障，那首先就要付出的代价将包括来自同事的打压、在该领域顶级期刊发表文章时运气不佳等。这些代价是真实的，可能会让人情绪受影响，可能会降低他的地位。但道德有时要求我们在一些事情上做一些牺牲。

伽利略（Galileo Galilei）就是一个典型例子，完成使命，或者更确切地说，超越使命。伽利略主张"日心说"，即地球围绕太阳旋转，而不是太阳绕地球转。但当时正值17世纪，"地心说"也一直是天主教教会公认的世界观。因此，若是公开讨论和辩论这一问题，就必然得付出沉重的代价。最终，教会找到了一个莫须有的理由,认定其主张哥白尼的"日心说"犯下了异端邪说罪。伽利略的《关于两个主要世界体系的对话》被列为禁书,他本人也被判处终身软禁。伽利略极大地提高了我们对世界的理解,代价却是付出了自己的生命。[21]

这些年来,会引起社会或行业制裁的研究方向已经发生变化。我们现在不会为物理学家的新发现而心潮澎湃。现代物理学家的工作虽然令人向往,却是枯燥无味的。没有人会因为发现和发表关于黑洞或中子的东西而被辞退或被软禁。但格伦·劳里等人的担忧是,这种"枯燥无味"在社会科学的某些领域并不存在。如果我们为坚持某些假设,无论这些假设有多好,都会招来指责、引起人身攻击,甚至丢掉工作。他们的想法是,就像天主教会特别关注物质世界真实性的假说一样,所以今天知识生产机构中的大多数人也投入研究社会环境的某些假设中。[22]只要劳里的观点是正确的,就可以在这里找到现代伽利略。让我举个例子。

20世纪,凯恩斯主义者和货币主义者之间展开了一场声势浩大的宏观经济辩论。凯恩斯主义者认为,在经济衰退期间,政府应该采取扩张性的财政政策来刺激经济。而货币主义者则认为这些政策对长期的经济增长没有积极影响。凯恩斯主义者倾向于让央行拥有更大的灵活性,而货币主义者则倾向于对央行的行动施加更多的限制和规则。每一方都为他们的结论提供了各种论据和证据。如今，宏观经济学家们借鉴双方的见解来构建他们的模型。

但是想象一下下面这个场景。想象在一个遥远的平行世界里，经济学界十分关注货币主义的正确性，一篇又一篇的期刊文章为货币主义辩护，货币主义者获得了著名的奖项和大学职位，但凯恩斯主义却是被禁止的。一位凯恩斯主义者可以靠运气发表一两篇文章，但这很困难。捍卫凯恩斯主义的研究生们发现他们的就业前景十分暗淡，同时也招来了劳里所描述的那种人身攻击。

在这种情况下，进行研究的边际效益是什么呢？好吧，请注意，如果我们拥有的数量越来越多，那么这件商品的价值通常会越来越低。第一篇为货币主义辩护的文章会带来极高的效益。但是，假设类似质量的文章越来越多，那么第1000篇捍卫货币主义的文章几乎不会带来像之前一样多的价值。在为凯恩斯主义辩护的过程中，我们可以摘下那些唾手可得的果实。此外，鉴于这种激励结构，我们对货币政策的总体认识将变得非常匮乏。我们只是不知道凯恩斯主义的见解是否有一定的道理，因为人们不接受发表这些见解！

因此，在这种情况下，在凯恩斯主义研究计划内开展工作就显得尤为重要了。发表第二篇捍卫凯恩斯主义的文章，会比发表第1000篇捍卫货币主义观点的文章带来更多的好处。此外，在这种情况下，即使你是一个货币主义者，你也应该尽你所能，帮助那些为凯恩斯主义辩护的少数人，让他们不至于付出惨重的社会和职业代价。你可以这样做：作为一名期刊编辑，应该尽最大努力为与凯恩斯主义相关的论文寻找公正的推荐人，努力减少招聘决策中的意识形态偏见，等等。

当然，这一观点不仅适用于社会科学，在人文学科领域也一样。比如，在哲学领域，许多职业、书籍和期刊都致力于探究正义的基本原则及其在当代问题中的应用。人文学科的许多工作更广泛地涉及当今有争议且热门的社会问题，人们对此投入了情感。但就学术界想要得出一个特定结论而言，劳里提出的担忧不无道理。在这种情况下，一个人应当为非正统的一方辩护，而不是用成堆的论文或书籍来捍卫主流结论，以此来提供更多的边际效益。

结论

我们有责任维护认知常识。要想做到这一点，一个主要的方法就是不顾社会压力说出我们的想法。社会压力扭曲了证据全景，从而影响到认知常识。因此，当我们向社会分享证据以抵抗社会压力时，我们有可能正在消除一个危险的盲点。鉴于研究人员和知识分子的影响力及其所扮演的社会角色，这一义务对他们来说尤其重要。他们可以通过鼓励其他人去探讨非正统的研究和思想来履行这一职责，因为这些研究和思想往往受迫于主流观点（相较于大环境来说）。

这场讨论引发了一个重要问题，即凭一己之力能否不同凡响。如果我们所说的一切都只是"沧海一粟"，那为什么还要冒着失去社会地位的风险去奋力一搏呢？这是下一章所要讨论的主题。在此，我想说的是，其实你常常可以带来巨大影响。

第三章
挑战与诱惑

比起犯错，他们更害怕被孤立，所以他们声称与大多数人看法一致。

——亚历克西斯·德·托克维尔（Alexis de Tocqueville）《旧制度与大革命》（*The Old Regime and the Revolution*）

无效反对

"说出你的想法"能表现出一个集体行为问题。每个人都想通过从众将私利最大化，也就是说，只在不需要付出代价的情况下分享证据。但如果每个人（或足够多的人）都这样做，那么危险的盲点就会出现。如果团体里的每个个体都能说出自己的想法，那么个体的境况反而会好很多。

然而，在许多其他领域，由大量的行动派参与的集体行为问题，已经带来越来越多的无效反对。令人担心的是：无论你做什么都不会带来任何实质性的改变。所以，你不妨选择一条好走的路。

牛肉产业将对环境造成巨大危害。大量土地必须开垦为牧场，这意味着森林面积将大量减少。奶牛还需要大量的食物和水，因此肉类产业不如植物性食品生产那样节能。更甚者，牛还会分泌大量甲烷，这是一种温室效应极强的气体。现在假设有个人喜欢吃牛排，但也关心环境问题。对他来说，不吃牛排不是多大的牺牲——可以用鱼肉和鸡肉等代替，毕竟这些肉类的生产对环境的破坏较小。那这个人应该放弃吃牛排吗？（我们）似乎会不假思索地回答：对啊，当然。

然而，他可能会认为："我确实关心环境问题。在理想情况下，没多少人吃牛肉。但是你看，我吃牛排的量（对此）不会有太大影响。牛肉养殖的规模如此之大，即使我从现在开始不吃牛排，也没有生产者会减少饲养及宰杀牛。他们不会只关心我的需求。如果我不吃牛排，结果也不过是会失去我从吃牛排中所获得的乐趣。所以，对我来说，继续吃牛肉才是明智之举。"

即使个体行为会带来变化，这些变化带来的影响也微乎其微。因此，假设你驾驶的是一辆高油耗汽车，而不是油电混合动力汽车。你驾驶高油耗车不会增加臭氧层厚度或破坏臭氧层。如果臭氧层将消耗殆尽,无论你是否驾驶油电混合动力汽车,它都会消失。这其中牵涉了太多因素。如果要拯救臭氧层,你的改变与它被拯救并无关系。所以,还是开那辆油耗大的车吧。

现在探讨这个问题的哲学著作正在不断涌现。[1] 一些人认为,即使你不会推动事情恶化,但你参与就是不道德的,所以应该停止。另一些人则认为,在许多这样的情况下,你的行为引发一个非常糟糕的、严重的后果的可能性很小。也许吃了那块牛排,有百万分之一的概率会导致牛肉行业引进一个新的大型设备(来扩大生产)。有些人会说,那这也足以让你不再吃牛肉。我不想在这里深究这个问题。相反,我想说的是,一旦说出想法后,情况就完全不同了,我们往往可以促成一个巨大的改变。尽管人们很容易认为个体提出的不同意见会被忽略,但充分的心理学证据表明,情况往往并非如此。

也许最著名的例证就是所罗门·阿施的实验,这是一项于20世纪50年代对斯沃斯莫尔学院的大学生进行的实验。[2] 他们的任务很简单。有两张卡片:一张卡片上有1条线;另一张卡片上有3条线。受试者必须说出后一张卡片上哪条线的长度与前一张卡片上的线的长度相等。重要的是,答案应该是简单明了的。正如你在图3-1中看到的,显而易见"2"是正确答案。

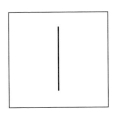 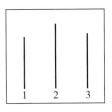

图3-1 阿施的实验中使用的线型卡片之一例[3]

在实验设置中,7人为一组,要求他们在多轮测试中说出不同的卡片中哪条线与起初卡片上的线等长。然而,每组只有1个是真正的测试对象,其他6人是同盟(即演员),他们被要求给出预先准备好的答案。在最初的回合中,演员给出了正确的答案。但在某些回合中,所有演员按照指示,一致给出了指定的错误答案。在这种情况下,受试者会怎么做呢?有36.8%的人给出了和小组成员一样的错误答案。从心理学的角度看,这样的结果很有趣,因为答案很明显——如果不考虑群体环境,个人出错的概率不到1%。如果在涉及这样一个简单的视觉问题时,人们都会被迫从众,那么在复杂的社会问题上,如果社交圈掺杂强烈的感情因素,他们常常做出错误的判断也就不足为奇了。

在这种情况下,如果只存在一个理智的声音,那会产生什么影响呢?显然,影响很大。随后改变了这个实验的条件,6个演员中有1个也给出了正确的答案,而其他人还和之前一样给出了明显错误的答案。在这种情况下,受试者选择明显错误但多数人认可的答案的比率下降了1/4。这表明,即使只是一个不同的声音也会对其他人产生巨大的心理影响。人们根本不想陷入孤立无援的境地。

实验的另一个发现是,个体之间的从众倾向有很大差异。有些人(约1/4)从未遵从犯错的大多数人。其他人几乎一直都和大多数人保持一致,为此不惜违背他们自己的感观。这表明,有些人更能抵抗从众的社会压力,因此,如果你是其中一员,你可以通过说出自己的想法来施加巨大的影响。

关于单个个体异议者有何影响的更多证据来自对法官合议庭的研究。[4]事实证明,每位法官都由同一个政党任命的合议庭的审议方式,与只有一名其他政党成员参与的合议庭的审议方式截然相反。这一点乍看起来令人有些困惑——在这两种情况下,正在发表意见的这个政党占多数,那为什么这些合议庭往往会得出不同的结论呢？答案是,一个异议者通常可以通过提供原本可能缺乏的证据和观点来改变审议的走向。正如1957年电影《十二怒汉》(*12 Angry Men*)中所描述的那样,仅凭一个人就可以在集体商议中产生巨大的影响。

当然,如果说每一个声音都能改变整个世界的轨迹,那也太夸张了。但社会科学研究确实表明,一个人的声音往往比我们预料的更有影响力。

赤身裸体的皇帝

在安徒生的著名童话《皇帝的新装》中,几个骗子决定为爱慕虚荣的皇帝织一套新衣服。骗子们声称,傻瓜或奸臣是看不见这套新衣的。每个人,包括皇帝,都附和着这个骗局,并对这套新衣大加称赞。没有人愿意被看作傻瓜或奸臣。当一个孩子大声说"但他什么都没穿"时,谎言结束了,泡沫也破灭了。[5] 四下里传出窃窃私语,最终众人一致认为皇帝是赤身裸体的。

这个故事深刻地揭示了人性及其带来的诸多愚蠢行为。当一种特定规范实际上不得人心,但人们却普遍认为它很受欢迎时,就会出现所谓的"多数无知"。多数无知解释了不得人心的规范为何能存在,而且往往可以存在很长一段时间。即使这种规范不受欢迎,个人也不敢表达对其不满,因为不想受到社会制裁。多数无知的理念可以用来解释一系列现象:从北非部分地区残忍的割礼,到不得人心的政府的存在,比如苏联时期的东欧共产主义政权。[6] 因此,一种规范之所以能流传下来,重要的不在于它本身是否受拥戴,而是人们是否一直相信的是受拥戴的。

克里斯蒂娜·比基耶里(Cristina Bicchieri)列出了助长多数无知的五种情况:(1)人们会与社交圈中的其他人进

行社会性比较，从而了解自己该做什么、该说什么；（2）其他人的行为是能被看到的（例如在安徒生的童话中，对皇帝"新衣"的公开赞扬），对错误行为的惩罚也是能被看到的；（3）人们因害怕社会制裁而隐藏了自己的真实观点；（4）虽然我们认为我们的外在行为不能反映自己的偏好，但却假定别人的外在行为确实能揭示他们的真实偏好；（5）我们开始认为所有其他人（或大多数人）都接受了这个有问题的规范。[7]在这种情况下，揭露这一切需要付出高昂的代价（至少看起来是这样的）。因此，没有人通过表达异议来检验它。

此外，有些人可能通过实施惩罚来强制执行规范，哪怕他们自己也不认可这个规范。[8]还有什么能比通过惩罚或指责别人能更好地表明自己立场的正确呢？因此，一个想对权威政府表衷心的人，即使自己并不认可这种权威主义，他们也可能会举报邻居抱怨配给不足。在这种情况下，他们才是那个害群之马。因为，他们不仅会表现得虚伪造作，还会为一己私利惩罚别人，这一切都是在为一种规范服务，虽然这种付出在他们自己看来也是不值得的。

多数无知对于我们如何看待"说出自己想法"有着巨大影响。正如比基耶里所强调的那样，一种不受欢迎的规范可以通过极少数潮流引领者的影响而变得无处不在。一个愿意发声且有能力惩罚异己的少数群体，可以让更多人服从他们。

重要的是,这种惩罚未必是来自法律的或身体上的。它可能纯粹来自一种社会制裁,比如公开谴责、呼吁解体等。即使仅仅只是社会压力也会导致沉默的螺旋的产生,没有人敢质疑某些假设或发表某些观点——尤其是在社会和政治问题上。害怕被孤立是人类心理学中一种强大的动机,因此,当大多数人察觉到某种观点被广泛传播并被大众想当然接受时,他们可能会压制自己的怀疑。[9]

然而,好的一面是,正如只需要少数人就能制定并推行这些规范一样,有时几个人,甚至仅需一个人,就能戳破这个泡沫。这正是安徒生童话中所描述的:一个年幼的孩子,无视大人们的担忧和考量(reasoning),说出了他的想法。结果,泡沫破灭了——人们意识到,不只是自己看到皇帝没穿衣服。因此,"当多数无知促成了一种规范的产生时,不需费多大劲就能颠覆它"[10]。如果一种规范由于多数无知而存在,那么它就已经具备了迅速崩溃的条件。这种规范之所以存在,只是因为人们普遍认为这种规范得到了广泛认可。因此,需要可靠的信息表明该规范实际上并没有得到广泛认可。通常,公开的反对声可以让人们做出这样的推断:"不只是我这么想,肯定还有很多人和我想的一样。"或者,一家备受信赖的机构发布的民意调查显示,如规范得不到广泛认可,其影响力会被削弱。无论如何,少数人的行为,有时甚至是个体的行为，都可以产生很大的影响。

党派纷争

我们这个时代的特点是恶劣的党派分歧，这显然是历史共性。历史上有很多不同意识形态的派别争夺权力和影响力的案例，比如古希腊城邦经历过的停滞期，1648年签订《威斯特伐利亚和约》之前欧洲的宗教战争，以及20世纪的西班牙内战。尽管如此，与过去的几十年相比，或许我们的时代更多地表现出党派的两极分化，至少在西方是这样。

关于"说出内心想法"有何作用，党派间意见不同。在构成党派争议基础的问题上，党派间的分歧已是根深蒂固。因此，有人可能会想："我有这些问题的相关证据和论点。但如果我与我的朋友或同事看法不一致，那会影响我的社会关系。人们固守自己的观念，没有人能改变。那么，我何必说出我的想法呢？"

这里有两点值得注意。其一，公众意见往往可能比实际情况更加容易两极分化。党派人士或活动人士都有动机将这个问题归为两极分化的分歧。所以，这可能会造成这样一种情况：呼声最大的是两极分化的人。然而，很多人，甚至大多数人，都倾向于保持中立。[11] 因此，即使一个人是中立派也可能会受到两个极端的攻击，但他仍然可能对整个论述做出有价值的贡献。

其二，即使表达的意见或观点并没有动摇坚定的党派，中立派也会从中受到启发。因此，在政治化或两极分化的环境中，表达不同意见或新观点的主要目的不是改变根深蒂固的党派观点。约翰·穆勒这样说：

> 我承认，最自由的讨论并不能制止所有观点向党派化发展的倾向，反而会加剧这一倾向；真理本应得到人们的注意，但是它不仅没有，还由于政敌的宣扬遭到了更猛烈的反对。然而，这虽然没有对激情澎湃的党派人士产生有益的影响，却对更冷静、更无私的旁观者产生了有益的影响。[12]

当然，从个人表达的角度来看，"更冷静、更无私的旁观者"不太可能公开表示赞同。另一方面，"激情澎湃的党派人士"可能会公开表达谴责。所以可能存在一种过滤机制，通过这种机制，我们只能看到别人小部分的反应。因此，即使我们真的做到了，看起来似乎也没有改变任何事情。

高尚的谎言

我一直在为显见义务辩护，即在面对社会压力时分享证据。

然而，有些证据在公开后只会对社会造成伤害。也许坏人会利用这些证据来违法乱纪，也许这些证据会造成不必要的冒犯。

正如在上一章中所阐明的那样，顶住社会压力分享证据的义务只会在可能具有广泛认知重要性的事情上起作用。换句话说，问题在于：这些证据是否在很大程度上撼动我们对世界的普遍认识？我在为一种有点激进的观点辩护，即如果这个问题的答案得到共识，那就没什么绝对的义务去分享证据。当事情还没有足够广泛的认知意义时，这项义务就不需要履行了。所以，你没有义务在你奶奶面前大声说她为你织的毛衣不符合你的风格。从我们集体认知常识的角度来看，没必要做这件事。

相比之下，伽利略的科学贡献则是另一个极端。它们从根本上改变了我们对物质世界的看法。如果我们仍然认为太阳绕着地球转，那么我们对世界的看法将会非常肤浅。在实践方面，如果还妄称"日心说"，那科学和技术就不可能发展到现在这个水平。

但我们现在仍然可以想象，在伽利略时代，教徒们可能会说些什么。当时一个普遍的（也是意料之中的）担忧是：如果地球是圆的并且在旋转，那物体为什么没有飞出去，而是始终都停留在地面上呢？对于对物质世界尚有一定了解的人来说，"地心说"似乎有些说不通。为什么要冒着破坏人们对教会信仰的风险，提出这种疯狂的观点呢？毕竟，这种信仰会置人于万劫不复。并且，信仰有利于社会团结。所以，（这样做）利小弊大！当然，由于我们已经脱离了那个时代，他们的担忧对我们几乎没有什么影响，我们可能会认为这愚蠢又过时。但是，如果我们真的试着设身处地站在当时普通人或牧师的立场上去思考，这种担忧就在情理之中了。迫害伽利略的就是和我们一样的人；和他们比起来，我们也不是什么好人。

我认为，每个时代都有其想象力的局限。从一个特定时代的角度来看，所谓的异端邪说在认知和实践上没什么明显的好处。伽利略那个时代的人根本无法想象现代物理学给我们带来了什么。他们无法想象，装配齐全的人类最终会登上月球，通过人们发明的反射信号的设备能够和世界各地的人进行交流，这些信号是由绕地球运行的卫星发出的。而且，那时的人们更愿意相信地球是宇宙的中心——地球对他们来说不是"干巴巴"的东西。他们投入了大量精力去维护宗教神学的世界观，认为地球是造物主的精心设计，而不是围绕着随便哪颗恒星运行的微小行星。[13]

但是，即使是现在，我们还远没有做到平心静气和无所不知。就像 17 世纪人们被意识形态和想象力蒙蔽一样，我们也会被蒙蔽。因此，只要这些证据涉及重大的认知意义，我们就应该对自己的能力保持一个非常谦逊的态度，以判断该封锁哪些证据。

此外，当人们声称某些特定的证据或调查形式最好不要被公开时，他们凭什么说得这么自信？要想证实这些说法，似乎需要某种多重回归分析，或者更好的是，一个随机对照试验——社会科学中常使用的方法。也许有些社会允许对 X 问题进行公开调查，而另外一些社会（与前一个社会各种指标大致相当）则不允许。如果后者最终在各大方面都表现得更好，那么可以得出结论，X 最好不要碰。但是请注意，这样的结论并没有（通常也不能）付诸实践，所以 X 最好不要碰的主张是基于信仰或直觉得出的。那么，足以证明得到这个结论的证据显然是缺失的。因此，我们很难不怀疑，禁止某些特定形式的证据和调查实际上是在努力保护一种意识形态，一些人对该意识形态有着情感上或政治上的投入，而这种意识形态的基础是不稳固的，就像伽利略时代的教会代理人（agents）一样。

此外，谎言有多高尚与当时的背景息息相关。当背景发生变化时，一个曾经看起来高尚的谎言可能也会变得非常危险。因此，设想一个场景：在一个古老的村庄，人们将一棵特别的树视为神树。[14] 也许这种信仰有助于社会凝聚力和群体忠诚度。也许这些情感的纽带对村庄的繁荣十分重要，因此人们可能会认为，质疑这棵树的神圣性对村庄而言无异于一种伤害。虽然有人谎称那棵树是神树，但那也是一个高尚的谎言。

但是现在背景发生了变化。数十年的太平被迫在眉睫的战争打断。想象一下，一支强大的军队正想要摧毁这个村庄。然而，这棵神树就矗立在村庄的中央，将会被亵渎和烧毁。村民们提前收到消息，时间足够他们带着重要的物品逃到山里，在那里他们会很安全。或者，他们也可以为保卫这棵神树而战。如果因为高尚的谎言，村民们选择去保护这棵树，那么这种谎言就会带来危险——他们所有人可能都会被杀死，反正不会有什么好下场。这棵树毕竟只是一棵树，村民的生命才更宝贵。如果谎言的高尚程度与背景环境息息相关，那么在有些背景下就要拆穿这些谎言，或者只把它们当作聊以慰藉的虚构故事。

穆勒对此颇有洞见。谈到我称之为高尚的谎言时，他说：

> 人们也经常争论，更是时常认为，只有坏人才会想要削弱这些有益的信念。但是，那些因此而自我满足的人并没有意识到，所谓绝对无误的假设只是从一点转移到另一点而已。意见的有用性本就是一个问题：和意见本身一样有争议，它们是可以公开讨论的，也是需要讨论的。[15]

即使是在某个特定的时代或社会，在被认为有害的、应当被禁止的事情上，异端者也为社会提供了极其有价值的服务。因此，我一直捍卫的不完全义务也适用于这种情况，而且在这种情况下,履行义务可能更为重要,只要不用付出太大代价。

现在,一些人很快就会承认,以前社会上的许多人(或大多数人)对于"哪些证据或哪些观点是危险的"是存在绝对误解的。但他们可能会说,我们现在已经大致掌握了"什么是最好不要说的"。但请注意,如果我们认为这个时代和这个文化背景对这些问题的判断是绝对正确的,这是多么奇怪啊!"过去所有的人类社会都犯过错误,但只有我们是绝对正确的"这种态度,虽然没挑明却普遍深入人心,但仔细想一想就知道它有多站不住脚。这多么理所当然地否定了基本的归纳理性!在这方面,穆勒写道:"然而,无论多少论据都能显而易见地证明,时代并不如个人可靠;每一个时代都流传着许多被后世认为是错误且荒谬的观点;可以肯定的是,现在许多广受认可的观点也会在将来被否定,就像曾经广受认可的观点现如今被否定了一样。"[16]

我们倾向于认为,如今的时代精神确实可能在一些无关紧要的事情上犯了错,但我们终将有所进步。尽管如此,我们也应该意识到:看似进步的东西实际上可能是倒退,而且时代精神可能不仅在次要问题上是错误的,在其最基本的假设上也是错误的。历史就是力证。正如穆勒所说:"历史上有很多因迫害而被抹杀的真相。如果这种迫害继续存在,它可能会让我们倒退几个世纪。"[17]如果这是正确的,那么持不同政见者在每个时代都是至关重要的因素,而不仅仅是在过去的时代。

激进的从众与作秀

想象一下这样一位人物:激进的从众者。[18]一方面,他极力去宣扬自己的主张,以超越社会群体中的其他成员。通过这种方式,他想获得团队价值观更高的认可。而普通的从众者只想安分守己,从而避免可能面临的社会制裁。另一方面,他超越自我积极追求更高的社会地位。激进的从众可能会惩罚异议者,因为惩罚异议者能证明一个人对群体价值的高度依从,同时还可以得到回报——社会地位的提高。激进的从众的另一种表现形式可能是哲学家贾斯廷·托西(Justin Tosi)和布兰登·万科(Brandon Warmke)所说的道德作秀。

在他们看来,作秀是通过道德言论来自我推销。在被看作道德模范这一愿望的驱使下,优秀者提出正义或道德主张。托西和万科给出了以下例子来说明何为"煽动":

> 安(Ann):我们都认同这位参议员的行为是错误的,他应该受到公开谴责。
>
> 本(Ben):哦,拜托,如果我们真的在乎公正,那我们就应该让他下台。大家不能容忍这种行为,我也不会容忍。

奇普（Chip）：作为一个长期为社会正义而奋斗的人，我很赞同这些建议，但是有谁知道关于这个问题的刑法规定吗？我建议应该先提起刑事诉讼。别忘了，全世界都在看着呢。[19]

我们看到的实际上是一场道德上的军备竞赛，社会地位是一场零和博弈。如果我拥有得更多，那就意味着别人拥有得必定更少。社会地位与某个特定群体中其他成员的地位有关。因此，如果一个人的目标是赢得社会地位，那么他要做的就是试着证明与相关群体中的其他人相比，在该群体明里暗里支持的一套标准下，他更能起到示范作用。

现在，上面那个例子中参议员的行为很可能是错误的。但这里有趣的是几位参与者的动机和他们对话的走向（dynamics）。一旦安说参议员是错的，那么严酷的挑战就开始了。如果本和奇普只是意见一致，那他们就无法树立起道德模范或特殊的形象。每个人都会处于同一层次。所以，他们不单是简单地点头表示同意。本比安看得更远——他现在看起来比安更正直。安只看到了参议员的行为是错误的，但本意识到，鉴于自己是道德典范，参议员还必须被革职。出于同样的原因，奇普更进一步——他比本说得还好。[20]

我们都碰到过这类行为，尤其是在网上讨论中。我们感兴趣的是，如果本和奇普以一种高尚的方式表达他们的想法，那么这里提出的观点将会产生不好的暗示。幸好，这并不是一种暗示。因为，当我们评估美德时，动机很重要。激进的从众者的主要动机是赢得这场关于社会地位的零和博弈。就像唱反调的人或喷子一样，他们的动机不是促进认知常识健康发展或试图在某些问题上寻求真理。另外，激进的从众者并未采取行动去抵抗社会压力，他所做的事情（从狭义上来说）不需要付出代价。相反，他会在群体中得到更高的社会地位。

尽管如此，这些激进的从众者确实给我们带来了挑战：考虑人们是否，以及在多大程度上能够有意履行这里提出的义务。问题是，激进的从众者从不这么看待自己，他可能会认为自己是为正义而战的勇士，即使内心深处他渴望获得社会地位。因此，从激进的从众者的角度来看，他的风险在于勇敢地说出自己的想法。那么，比起遵守承诺或不说谎的义务，顶住社会压力说出自己想法的义务更难履行。一般来说，我们很容易判断我们是在撒谎还是在违背诺言（即使是在这方面，我们也经常自欺欺人），但似乎很难判断我们是否在顶住社会压力说出自己的想法。因此，我在此捍卫的理想有可能成为我们无法遵循的理想。

事实上，数十年的社会科学研究表明，我们人类非常擅长自欺欺人并避免认知失调。[21] 我们把自身的行为合理化，然后以最好的方式呈现出来。如果我们的行动与我们所宣称的理想相冲突，我们就会试着对情况做出一番新的解释，以掩饰（suppress）冲突。如果我们最初公开发表的观点与我们的个人信仰不一致，我们就会试图让个人信仰更接近最初的观点。这样，我们就有了相信这些观点的理由，但却在这种性质上选择欺骗自己，而不是灵敏地感知真相。令人惊讶的是，如果发表特定意见的回报很少，那这种现象往往会发生得更频繁。因此，如果一个人说做某件事仅仅是为了在社交媒体上获得同伴的"点赞"，那他可能真的相信这件事，而那些是为了逃避坐牢或被处决而只是口头相信的人则并非真的相信。[22]

我们这么做的部分原因是，正如乔治·奥威尔（George Orwell）在小说《一九八四》（*Nineteen Eighty-Four*）中描述的那样，主人公最终意识到，"如果你想保守秘密，就必须连自己也一同欺骗"[23]。如果我们不把自己描绘成一个讨人喜欢的样子，那我们就有可能展现自己不讨喜的样子。从历史上看，不难发现这样做很危险。一个自私、不合作的人可能会被逐出部落，而放逐往往意味着死亡。因此，我们有非常强烈的寻求他人认可的倾向。人们希望与其他合作者合作，而不与自私自利"搭便车"的人合作。[24] 因此，我们善于在自己和他人面前表现出无私关心他人的一面，而本质上是出于自私自利的动机。这实际上就是激进从众者的一贯行径。在托西和万科的例子中，奇普可能不会认为自己的所作所为是在争取社会地位——即使这正是他所做的，他反而会认为自己是在勇敢地为正义而战。

因此，在很多情况下，我们很难判断自己是在争取社会地位，还是在不顾社会压力地说出自己的想法。但此处或许有一条经验之谈。如果你说的话使同一参考网的成员对你赞不绝口，并且他们的认可关系到你的社交和职业成长，那么你很可能是在争夺社会地位，而不是说出你的想法。因此，假设一个人在社交媒体上发表了一篇言辞激昂的帖子。再假设他在该平台上的大多数朋友或关注者都是他的参考网的典型人际关系——同事、朋友、同行等。现在想象一下，这篇帖子获得了数百个赞，还有几十条评论的附和，甚至大家可能称赞他勇气可嘉。那这样的人就是在争取社会地位，无论他如何说服自己（不是为了社会地位），他都不是在与社会压力做抗衡并说出自己的想法。

当然，有时一个戳破多数无知泡沫的人可能会受到赞誉。我们可以认为这会发生在安徒生童话里的孩子身上。有些人可能会这么说："谢谢你大声说出了我们所有人的想法！"但上述过于常见的行为模式却并非如此。在这种情况下，社交网络中的许多人会说类似的话。激进的从众者会试图对一些社会或政治问题表达出更强烈的愤怒、更严厉的谴责甚至更崇高的赞扬。这种行为显然不是在勇于打破多数无知的泡沫，而是隐藏在高尚动机背后追求社会地位。

第四章
像思想者一样做事

令人震惊的是，一个人苦思冥想不得其解后，他会暂时相信一些非常愚蠢的事。

——约翰·梅纳德·凯恩斯（*John Maynard Keynes*）《通论》❶
（*The General Theory*）

有话直说——为己还是利他？

长久以来，我一直都在为有话直说而辩护（更准确来说，是顶住社会压力分享证据），从而为全人类服务。分享

---

❶ 《通论》，英国经济学家凯恩斯所作，出版于1963年，英文全名为 *The General Theory of Employment*，*Interest and Money*（《就业、利息与货币通论》）。该书共6篇24章，批评了以前的经济学家们主张的工资和就业理论，提出了"有效需求"和"边际效率"等概念，对西方经济学产生了深远的影响。——译者注

证据能减少社会盲点，为社会做出重要贡献。盲点不仅会歪曲人对世界的理解（这本身就是一件坏事），还会造成一些可怕的实质性后果。不从众的人直抒己见，然而从众的人却顺势搭了便车——前者为直言买单，后者坐收渔利。从众的人就像从来不洗碗的室友，还期待着别人为他收拾一片狼藉。

但是有话直说并不仅仅是服务他人。事实上，我想讨论的是，有话直说对于个人的正向发展有着至关重要的作用。因此，你应当有话直说，这不仅仅是为了他人，还为自己。

然而，这似乎与前文矛盾。我们之前提到过，我们还是应当有话直说，尽管需要付出代价。这不就承认了有话直说会付出代价，其实不利于个人发展吗？有话直说可能有利于完善认知常识，但不敢说它对我们自己也总是有益的。相反，如果默认大众观点，我们可以维护自身利益，就不用为有话直说而蒙受损失。

当然我们不得不承认，在某些情况下有话直说会与自身利益相悖。比如，如果斯大林恐怖统治时期，有一名异议者，他认为在1917年俄国革命之前，尽管当时存在许多社会和经济问题，生活条件要比斯大林时期好得多。但是他如果把真实想法说出来，解释为什么他认为集体农业或劳改营是错误决策，那他将会受尽折磨或被处死。显然，考虑到自身利益，有话直说于这位异议者并非好事。

尽管有极端情况存在，但通常为了促进自身整体利益，承受一定的代价是必要的。同样，我认为，通常情况下，有话直说尽管会带来社会成本，但对人的全面发展极为重要。

这样的观点看起来荒诞不经，实则不然。比如，经常锻炼会带来许多成本。一是时间的耗费，这是机会成本。你需要做一些准备工作，拉伸，录播客，去健身房，然后运动结束洗个澡，但是这些时间你原本可以用来做其他事情。二是锻炼通常不会给你带来快乐，因为你需要强迫自己完成最后一组训练动作，或者保持一个恰当的跑步速度，这样的过程很痛苦，但是没有人会因此认为锻炼对自己不利。

我们必须在某些事情上付出代价，才能从他处获得更大的利益，这本就是人生常事。准备法学院入学考试（LSAT）可能很无趣，但是如果想进入美国有名的法学院，你必须参考。尽管一些人不喜欢绿色蔬菜的味道，然而他们依旧需要吃蔬菜。跟看电视比起来，整理房间又累又无聊，但是一直不整理也不行。如果我们踏出每一步时都选择最简单、最便捷的那一项，那人生将何其短暂，何其失意，发展何其受限。

但是这一系列的担忧会慢慢消失。在上述例子中，延迟满足会带来实际利益。锻炼很痛苦，但是在长期规律的锻炼中，你可能会体验到更多的乐趣，疼痛还可以慢慢得到缓解。

举例来说,锻炼可以降低患骨质疏松和心脏病的概率,得了这两种病可过不了舒坦日子。锻炼还会使你一整天都身心愉悦,对调节情绪和排解忧愁大有裨益。同样,坚持吃蔬菜可以让你免于身体抱恙带来的疼痛。或者思考一下法学院入学考试的备考过程。从当下来看,学习的确十分枯燥乏味,然而通过学习,你会有更高的概率被法学名校录取,被录取后,你将拥有更高的社会地位,有更高的机会进入有名的律所工作,拿到不错的薪水,还可能从亲朋好友处获得更多的尊重与赞许。

但是有话直说意味着什么?有什么类似的好处吗?请记住,顶住社会压力、违抗社会规范有话直说,会付出社会代价。当然,如果你的想法与社会群体认同的观点一致,有话直说并不会带来什么消极的影响,相反你还会赢得他人的赞赏。但这并不是本书的主题——准确来说,我会在本书中全面阐述为什么要有话直说,尽管这样做需要付出社会代价。那么有话直说可能有什么好处呢?

我们有理由怀疑这样做常常毫无益处。在某一个需要对抗社会压力的问题上有话直说,往往会付出沉重的代价,而且还有被孤立的可能。社交圈子里的朋友可能会同你保持距离,明里暗里地表现出来。可能有人会暗自佩服你的勇气,但是不会公开为你声援。请记住,如果社交圈子里有太多的人公开表示欣赏你的勇气，那么你很有可能没有展示出来真正的勇气。

当然，某个特定的社会群体可能会欣赏你的观点，但是如果他们对提高你的社会地位影响不大，那你从中也并不能获得多少实质性的安慰。假设在一群年轻的专业人士中，某一个观点是禁忌。如果有人告诉其中一位年轻人，许多偏远地区的农民认同他的被称为禁忌的观点，他也并不会获得实质性的安慰。因为这些农民除了可以带他在乡村游玩几次，既不会邀请他参加聚会，又不能给他升职加薪，一起出游可能既无趣又不现实。他的世界本就与农民截然不同。而且，正如他会和周围的人在一些事情上有分歧，他也会在其他事情上和农民的想法背道而驰——那该怎么办呢？他可能会说出来那些不该说的话，而不是一味地逢迎他人。甚至，他可能会退出一个社交圈子然后融入另一个，即使他的内心需要承受极大的压力。

可能的不利影响暂时阐述这么多。就自身的幸福而言，我们很难体会到有话直说的积极作用。在这里做一个假设。假设你的观点与主流观点相悖，但最后证明你是正确的，比如说10年之后事实证明你是对的，那这迟来的证明足够补偿你的损失吗？通常来说是不够的，理由主要有两点。第一，这10年间你的社会地位很可能会降低，即便平反后收到再多的夸赞也无法弥足损失。第二，人们通常会忘记谁说过什么。其他人，尤其是那些让你付出代价的人，可能会重新包装自己，以便淡化过去的言论，或是干脆否认他们说过什么。他们甚至会说自己一直都是对的。令本错误的一方不用付出多少代价，然而正确的一方也没获得好处。因此，有话直说看起来像是道德上值得称颂的行为，然而审慎点来看，这并不是一件好事。所以，无论我们出于道德的考量称赞什么，审慎都让人选择从众。

现在的一些人有特别强烈的表达需求。[1]当感到自己的想法和观点受到压抑时，他们会感到不安。他们渴望表达自己的想法，社会压力常使他们倍感压抑。大概这样的人，在某种程度上为自己着想时，应该说出内心的想法，那样他们就能放下心中的包袱，喘口气，即使会为此付出社会代价。如果你是这一类人，那么有话直说就像是在缓解瘙痒。实在瘙痒难忍，就直接上手挠吧。但若是抓挠瘙痒处会留下伤口，请尽量抑制挠痒的冲动。可以转移注意力，把心思放在其他事情上，也可以涂抹止痒液稍作舒缓。同样的道理，当预计的社会代价超过了有话直说给你带来的满足感时，那就遏制住发声的冲动。去看一场电影或是做其他的事情，至少是为了你自己，这样做就好。

以上的推断都在意料之中，且极具吸引力，但这里假设的是人生仅有欢乐、痛苦和社会地位这几件要事。我诚心建议，如果你这一生只希望在社会或职场中获得较高的地位，或者是满足于他人的赞美，那就不要有话直说。如果你认为这样的人生才有价值，那请一定循规蹈矩地生活——除非你深信前文所述的其他原因。

接下来，我会援引古希腊哲学来解释为什么仅享受快乐或高的社会地位根本无法让人生有价值。古希腊人留下一个启示，即美好生活在于充分利用理性的能力。但是为了实现这一目标，我认为，你必须有话直说。

这一章节的主题是，有话直说不仅包括分享你的证据（这是第二章的主要内容），还有提出问题、抛出质疑以及思考备选方案。但是，有话直说也的确在某种程度上意味着对社会压力的反抗。随意评价一下当日的天气，或是发表一些圈内人鼓励你表达的观点并不等于"有话直说"。此外，和上述一样，保持真诚至关重要。

理性和人类繁盛 ❶

怎样才能过上美好生活？人们不免会认为，生活的美好在于实现快乐最大化，痛苦最小化。意思就是过得最幸福的人应当是那些拥有最多快乐、经历最少痛苦的人。

---

❶ 有的学者认为"人类繁盛"这个词语更为准确地体现了亚里士多德所指的"eudaimonia"这个概念。eudaimonia 通常被翻译为幸福或福利。——译者注

但细想一下,这一说法并不妥当。假如你有机会在度假海滩度过余生,而且有各种梦寐以求的娱乐任你消遣。能够过上一阵子这样的生活,毫无疑问是美事一桩。但是如果一生都沉醉于这样的灯红酒绿——喝着冰镇果汁朗姆酒、观看各种电视节目——长此以往你不会感觉无聊吗?你不渴望做一些有意义的事情吗?可能你会坚持几个月,但是我猜这样的生活过久了,许多人最终都会产生厌倦和生存恐惧吧。你可能会反驳,如果厌倦,那说明这样的人生本身并不能带来足够的快乐。因此,我也没有说最快乐的生活并不是最好的生活。

然而,这样的设想的确揭示了一些重要的东西——人生的终极追求是意义而非快乐。快乐可能与有意义的人生相生相伴,但是有意义的人生绝不会只有快乐。19世纪德国哲学家弗里德里希·尼采如是说道:"如果我们各自的人生都有不同的意义,那么我们会包容实现人生意义的各种方式。人不寻求快乐;只有英国人才寻求。"[2] 这是在抨击英国的享乐功利主义,这一思想在同时期的英国哲学领域占有突出地位。需要特别指出的是,杰里米·本瑟姆(Jeremy Bentham)普及了"唯独快乐和痛苦对于道德十分重要"的观点。尼采认为人类本质上是在追寻人生价值,而不是追求快乐。

古希腊哲学家也强调快乐并不是人生的终极目标。亚里士多德早在《尼各马可伦理学》(*Nicomachean Ethics*)中就说过:"大多数人，最庸俗的一群人，似乎将幸福和美好视为快乐，所以他们也喜欢这种万事顺意的生活。因为他们所因循的是食草动物那样的生活，所以表现出来的是卑微顺从。"[3]该观点想要传达的是，当快乐成为终生追求时，人就会不重视其特有能力的运用。即使是牛和兔子，也能尝出味道，体验到快乐。当然这并不是说我们不应当追求快乐；相反，重点在于要想实现美好的人生，我们应当合理运用人类所特有的能力。

对于这一观点，亚里士多德认为，一般情况下讨论物品的好坏时，我们诉诸描述物品的特质（ergon，尔刚❶）。所以，一把好刀是指这把刀削铁如泥。一双好鞋是指鞋子能很好地保护双脚——合脚、结实等。一张好桌子指桌子很坚固，桌面足够大。请注意，在以上所有例子中，形容词"好"的含义取决于我们所描述的物体的类型。因此，刀子的"好"不可与桌子和鞋子的"好"相提并论。想要知道一把刀好在哪里，我们必须找出它比起其他物品的特别之处。以刀为例，这样理解起来就容易多了：刀是人类设计发明出来用于特定功能（如切割）的物品。[4]

但是亚里士多德认为，这一推理过程也可以解释我们应当如何去看待美好的人生。他认为，要想理解美好的人生是

---

❶ ergon：一般音译为尔刚，光子能量单位。——译者注

什么模样，我们就需要弄清楚人类在哪些方面是与众不同的。比起周围的动物世界和无生命领域，人类在哪些地方是特别的？不是感受快乐的能力，因为牛和长颈鹿也可以感受到快乐，也不是观察、品尝、消化、长高的能力。人类的与众不同在于其拥有理性的能力：人在一生中能够充分发挥推理能力，这样的人生，方可称为美好人生。[5]

正如亚里士多德否认快乐是美好人生的目标，他也不认同将地位作为人生追求的观点。他说：

> 受过教育的人……把美德视作荣誉。但是，这样的想法未免太过肤浅；因为就这样来看，起决定性作用的是授予荣誉的一方，而非接受荣耀的一方，尽管我们会不自觉地认为善良囿于我们自身，很难被剥离开来。而且，这些人追求荣耀是为了让自己深信自己有德行；无论什么情况，他们都要从谨慎的人，甚至从了解他们的人那里寻求被尊重的感觉以及对他们自身美德的赞颂。所以很明显，在这些人眼中，无论什么情况，美德永远高于荣耀。[6]

经过反思，我们所认为的美好人生，意味着地位显耀和声名显赫，但是这两者应当反映出我们的优良品性和卓越成就。请思考一下诺贝尔奖。一位成就斐然的经济学家可能很看重他获得的诺贝尔奖项，心中满是自豪，但是他的自豪来自经济学界对其成就的认可。从根本上来说，这种认可才是真正让他引以为豪的——他欣喜于同行和国际学界都像诺贝尔奖项这般认可他的成就。相比之下，某些一心只想要赢得诺贝尔奖这一荣誉的人，在职业生涯的前期便开始投身于项目的研究，目的就是最大化地提升获得诺贝尔奖的概率。他将所做的工作仅仅视为获得诺奖的敲门砖，赢得同行和媒体认可的垫脚石。这样的态度显得扭曲又反常，也确实如亚里士多德所说的那样肤浅。

需要再次强调的是，这并非在说我们应当放弃追求快乐和地位，也不是在说我们永远不能做按摩放松一下或是看一场愉悦身心的电影，更不是说我们应该拒绝升职加薪或是放弃诺贝尔奖。相反，我们应当牢记，快乐和地位都从属于人生的终极理想。可以按照下列方式来思考，如果从未享受过快乐，那我们就会倍感压抑、沮丧、孤独。这样的低落情绪反过来很可能阻碍我们去实现那些有价值的目标。同样的道理，在追求声望和地位的过程中，我们的工作能力也会随之提高。如果你未在大学里谋到一官半职，那你不太可能有时间和精力完成一本合格的学术著作，也无法打通人脉将自己的书出版。如果你没有从风险投资那里获得一笔初始资金，你可能无法打造自己的创新产品。完成这些事情都要求你在相应的专业领域获得一定的声望和地位。然而我们错在忽视了这些事情的本质：获得声望和地位是我们达成目标的手段,而非目标本身。[7]

当然,这些观点在理论层面很容易得到认同。当付诸实践时,我们通常忍不住出色地完成工作只为追求显耀的地位,或是放弃真诚只为从社会赞美中获得快乐。但不可否认的是,诱惑和自欺欺人是人生的重要成分,因此实现美好人生并不容易——不过,不容易不是应该的吗?

推理能力和有话直说

亚里士多德认为,美好的人生在于充分发挥我们的推理能力,以过完充实的一生。有话直说对我们有什么启发呢?我认为,有话直说对于提高推理能力至关重要。其主要原因是,从根本上来说,人类是社会性生物,我们的推理能力在本质上也具有社会性。在对话时,双方观点相互碰撞摩擦,理性得以成型。我们不会,也不能在孤立的状态下实现理性。因此,为了合理提升推理能力,我们必须向他人表达我们的观点。否则,即便我们拥有理性,也将会成为发育不良、思想扭曲的生物。如果美好生活在于合理提升和运用推理能力,那么我们必须有话直说。

为了反驳这一观点,有人可能会提出下列问题。表达观点可能对于让他人倾听我们的意见或维护自身利益十分重要,也在游说政府、发动革命、获得思想和创意的赏识、促成并维持关系等其他方面有重要作用。但是表达观点如何能使自己成为思想者呢？要成为一个思想者，光是思考还不够吗？毕竟只有经过了思考，才能表达出自己的观点。所以思想先于言语，而非言语先于思想。但如果是后者，那么从根本上来看，有话直说对于成为思想者就没那么重要了。当然，这并不是说你可以完全脱离他人而好好思考。我们需要在他人的帮助下成为思想者，这正是我们读书、听讲座，做诸如此类事情的原因。如果可以读好书、听良师的讲座、自己独立思考并处理问题，那我们就可以慢慢成为优秀的思想者。就思考而言，表达自己的观点无关紧要。

但这又与老师的理念背道而驰。比如，你不能指望学生只通读课本就能理解物理这一学科。遥远星球上的某些外星人也许可以做到，但是人类不可能。仅仅被动地看看公式，是不足以理解物理的，通过观察他人解决物理问题也同样不可以。理解事物的唯一方法就是独立地解决问题。拿出纸笔（或电脑等）试着处理问题，其他别无办法。通读一个章节的材料，就认为自己已经领悟了其中的要义，但当你试着做章题时，就会发现自己原来一窍不通。数学、化学等学科也是如此。

此外，不只是科学技术领域是这样的。比如，想要研究好哲学，唯一的方法就是交流和写作，仅仅通过阅读和被动理解材料远远不够。我们常常自以为明白一个观点为什么是错的，可是在写作时却写不出错在何处，甚至在开头阐述作者的论点时都要绞尽脑汁地思量一番。对于人类而言，"理解"意味着我们能将观点表达出来。反馈也同等重要。没有老师和同行的反馈，我们很难成为优秀的物理学家和哲学家。他们会纠正我们犯下的错误，还会提供一种全新的、更具有启发性的看待问题的角度，而这种角度是我们之前所没有的。因此，无论研究什么课题，好的老师都会强调实践和反馈的重要性。

反馈是学习的一个深层特质。当某个孩子在学习走路时，他的运动系统会不断地从经验中整合信息，这些经验包括跌倒、绊倒、撞倒等问题的各种细节。人们在学习骑自行车时大脑也会进行同样的过程。你总不能通过看书来学习骑车吧，反馈（例如为什么会摔倒或转向）是十分重要的。计算机科学家进行了百万次的围棋自我对抗实验，通过"训练"系统成功创造出了可以击败人类的人工智能。久而久之，人工智能会根据以往经验——好棋还是废棋，发展出判断布局形势的能力。[8] 所以，即使是人工智能也需要在学习中获得反馈。我们人类当然不能期望只通过自我对话就获得反馈（除了极小概率的事情）。我们没有那样的构造。我们需要他人的反馈，但是为了能够获得反馈，我们需要同他人交流，无论是口头的、书面的还是其他方式。

哲学家肖娜·希夫林（Seana Shiffri）用独到且富有启发

性的观点为言论自由辩护,她提出一种"思想者中心"的方法,帮助人们理解法律在保护自我表达上有何作用。她的核心观点是,像第一修正案之类的规定从原则上来说是合理的,因为这些规定在个人逐渐成长为思想者的过程中不可或缺。换言之,个人只有能够自由表达言论,才能真正成为思想者。尽管本书的主要目的不是为保护言论自由权的法律辩护,但她的分析与本书密切相关,因为它阐明了为什么外在表达对我们内在推理能力的发展至关重要。

希夫林通过观察发现,作为思想者,我们可以获得几方面的好处,包括:促进推理能力在理论和实践层面的运用,了解各类事件的真相,发挥想象力,提升道德行为能力,成为独特的个体,做真实的自己,与众不同,作为个体得到他人的认可。[9]她还认为,作为思想者,我们要获得这些好处,必须生活在言论自由的体制下,而且持异议者不会受到法律的惩罚。

关于提升思考能力,表达自我观点的需要,她写道:

> 个人无法构建复杂的内心世界,无法辨明内心所想,然后对内心的想法做出评价,也无法将那些仅仅是别人强加的观念和自己认同的观念区分开来,除非我们能够表达自己的思想,与他人的思想划清界限,并且清楚地了解他人所想究竟为何,然后做出评价以确定对待外界思想是采

取支持、反对还是加以修饰的态度。对于大多数人来说，只有某些想法用文字或口头表述出来时，他们才能被理解。尤其是谈论到极为复杂的思想时，他们还会发觉只运用心理语言进行思考是件难事。人必须通过口头或书面形式，或者其他符号化的表达，整合观点，理解透彻并表述出来。只有这样才能对他人思想的内涵做出评价……当然，并不是只为发散思维以及理解他人的想法，我们才需要把观点表达出来。在构建关于自我和环境的正确观念时，我们需要借鉴他人的眼界和观念以提升自我，也要从他们对我们的观念做出的反应和评价中有所收获。[10]

希夫林以单独监禁的犯人为例来印证她的观点。众所周知，受到单独监禁的犯人会经受毁灭性的精神打击，他们经常会出现幻觉，精神出问题。如果失去与他人的社会联系，也无法获得他人对自己所理解的现实的反馈，我们便会与现实脱节。[11] 希夫林认为，单独监禁的犯人失去的不仅仅是与人交流的能力，还失去了在一个开放空间内活动的自由，失去了吃自己想吃的东西的自由，等等。但是，一般的监狱囚犯也会失去这些能力和自由，只不过一般的监狱囚犯不太会像单独监禁的囚犯那样精神崩溃。

希夫林不是指不能将有话直说和单独监禁的状态相提并

论。相反,她想表达的是,人在这两种状态下所经受的挫折是相似的;和完全被孤立所带来的问题相比,无法说出内心真实所想所带来的痛苦要温和些。不能有话直说就像是被困在精神病院,你找不到人来分享自己的想法。

我们想要表达的一个要点是,正如理性在单独监禁中逐渐被瓦解,或是不能充分发挥,或是变得扭曲,在不能有话直说的情况下,理性也难以发展。当然,不能有话直说时理性退化得不那么严重,但退化却是事实。重要的是,这些情况:一些人通常会选择有话直说,偶尔为了避免承担高昂的社会成本而有所保留,跟这一类人相比,那些在大多数情况下不能或者不会有话直说的人会在发展和运用推理能力上(除了一些琐事)蒙受更多的损失。同理可得,朝鲜民众也普遍比生活在现代民主国家住精神病院的人遭受了更多的痛苦,而受到单独监禁的人将会比前两者更受煎熬。

权衡利弊

从以上所有论证中可得出一个结论:有时为自己考虑,你应该有话直说,即使这会付出社会代价。请记住,社会地位终究无法让人生有价值。细细想来,这一结论可能适用于大多数人。想象这样一种没有任何美德可言,没有取得任何真正的成就，一直在追名逐利的人生，仔细思考，这样的人生值得我们认可或引以为豪吗？同样，如果亚里士多德和尼采的观点是正确的，那么快乐也不是人生的终极目标。当然，社会地位和快乐对人的发展大有裨益：因为通常来说，如果我们一直处于痛苦中或是没人拿我们当回事，我们的一生可能都会碌碌无为。但最后别忘了一点，快乐和社会地位都从属于美好人生的目标，无论这个目标是什么。

亚里士多德给出了一种独到的解释：美好人生也就是我们提升并运用推理能力的生活。如果希夫林的观点是正确的，那我们应当表达自己的思想和观点并且获得他人的反馈。有时这样做与追求社会地位和快乐相悖，在这种情况下，我们必须权衡得失，还要牢记终极目标是什么。如果一味地牺牲推理能力，追求社会地位和快乐，那我们的人生将过得一塌糊涂。这并不是说我们要一直有话直说，不管付出何种代价。有些时候代价过高，足以打乱我们提升推理能力的步伐。所以，请想象一种情况（这在历史中极为常见），当你的有话直说违背了当权者的意志时，会招来杀身之祸。如果你死了，那就无法运用推理能力了。所以，在这种情况下你应该闭口不言，即使你想要实现亚里士多德阐述的美好人生的目标。

亚里士多德老师的老师苏格拉底甚至对此观点提出过异议。虽然他未曾有相关著作留存于世，但我们可以在他的学生柏拉图（Plato）的作品中大致了解苏格拉底是个怎样的人。他像牛虻一般，于当时的雅典民众间奔忙，质疑当时的人认同的那些最基本的假设，测试人们对于忠诚、公正、爱和勇气等的看法。通常情况下，大多数雅典人并未对上述假设有所质疑，但是在苏格拉底看来，这些假设都经受不住哲学的考验。柏拉图早期作品中记载了苏格拉底的对话，这些对话通常以悖论收尾，或是在结尾处描述一种僵局。然而这些对话没有正面解释或阐述某一概念，仅仅表明了基于概念所做的基本假设是经不起推敲的。

苏格拉底被雅典陪审团处以死刑，部分原因是他用这种方法挑战了各种假设。也就是说，苏格拉底因为自己的有话直说而被处死。然而在行刑之前，他向众人宣告，与其过一种在思想上苟从的生活，倒不如就这样死去。如果这是唯一的选择，他愿意慷慨就义，就算重复千万遍，也矢志不渝。他在《苏格拉底的申辩》（*Apology Socrates*）中写道：

> 只要我一息尚存，能力尚在，我就不会停下将哲学付诸实践的步伐。我会规劝你，以我惯常所用的方式为我所遇到的每一个人指点迷津："这位绅士，你是雅典人，一个以智慧和权力著称的最伟大城市的公民；可是如果你丝毫不关心、不思考智慧和真理，也不思考如何达到最高

的精神境界,反而渴望拥有的名利多多益善,你不为此感到羞愧吗?"[12]

对苏格拉底来说,财富和名誉不可能是人终其一生所追求的事物。他会继续质疑那些好像终其一生都在以牺牲智慧或真理为代价,只为追求名利的人。"财富",他说,"不会使人变得卓越,但卓越可以为个人和集体创造财富以及任何美好的东西。"[13]所以,为了获得财富而牺牲推理能力,这有悖于苏格拉底的观点,同时也不是追寻美好人生的方式。

更确切地说,对财富的追求(也包括对快乐和社会地位的追求,财富是达成这些目标的一种手段)必须服从于对卓越的追求,而卓越只能通过有话直说实现。"我有意拒绝过平静的生活"[14],在解释为什么不追求地位、财富和政治权力时,苏格拉底这样说道。他认为,不管是追求地位、财富还是权力,就他当时的时代背景而言,都意味着放弃正直的品格或者表达观点的意愿。如果人们以美好生活为目标,那这样的牺牲并不值得。苏格拉底说:"人类最高尚的行为就是每天把美德都挂在嘴边,我谈过的以及用来测试自己和他人的话题,也要拿出来与人辩一辩,因为经受不住考验的人生不值得一过。"[15]所以,《苏格拉底的申辩》阐明的观点是,为了追求财富、名誉和地位,放弃自己的正直是不值得的,甚至比起永远都不能在人生重要的问题上有话直说，死亡本身算得上是一个更好的选择。

这并不是在说我们应当一直追随苏格拉底的思想，如果有话直说意味着死亡，那你最好不要把自己的真实想法说出来。但是我们需要记住一点，如果快乐和地位不是人生的终极目标，合理提升并运用推理能力才是（或者至少是其中一个）终极目标，那么牺牲后者换取前者的做法就是在本末倒置。只有当我们获得地位或快乐的机会受到严重影响，并且从长远来看有话直说会削弱道德行动力时，才有必要牺牲推理能力。举例来说，如果在 X 事件上有话直说意味着失去工作，你会一直为此而感到焦虑，或者需要一直做苦力，几乎没有任何提升推理能力的余地，那么你最好还是不要有话直说——至少为自己以后的美好生活考虑，做到有备无患。

理性在本质上具有社会性

想要更好地理解理性，我们需要探究其本质：什么是理性？理性的作用是什么？人类为什么需要理性？

哲学当中的传统观点一直是理性帮助我们不断接近复杂事物的真相。我们通过直接的感觉来感受周围的环境，例如我们能够看到院子里有棵树。但是，直接感觉发挥的作用也仅限于此。当无法直接通过视觉、感觉或嗅觉来分辨事物时，我们运用推理能力去进行推理，进而了解那些无法直接感知的事物。基于已经获得的信息，在理性的帮助下，我们可以得出新的结论。比如，我们看到路面是湿的，便推测外面可能在下雨。同样的道理，我们可以运用推理能力去理解那些更复杂的事物，例如股市、科学或者飞机的优化设计等。这就是我们所谓的"唯智主义者"（intellectualist）的理性观。

最近的心理学研究成果低估了唯智主义者的理性观。法国认知学家雨果·梅西耶（Hugo Mercier）和丹·斯珀伯（Dan Sperber）在《理性之谜》（*The Enigma of Reason*）一书当中阐述了互动理论者（interactionist）的理性观。该观点认为，理性的作用并不在于帮助个人到达真理的彼岸，而是在本质上具有社会性。理性只是推理过程中所运用到的一个模块。我们的知觉和其他的身体部位一直在参与推理的过程，例如面部识别是推理的一部分：视觉刺激输入大脑，然后我们就可以认出此人是谁，甚至蚂蚁都能在找到食物后判断出返回蚁窝的路径。推理贯穿于我们的身心，蚂蚁、鼻涕虫和蚊子等生物皆是如此。理性的特别之处不在于它能帮助人进行推理，而在于帮助我们解释自己的观点和自己是如何对待他人的。我们还会进行一种特别的推理：对原因的推测，即通过考量一些因素来向他人证明自己。我们还会评判他人给出的原因，例如:"他们有好的理由解释自己为什么迟到吗?"

梅西耶和斯珀伯说,推理在本质上是一种社会行为。如果这一观点是正确的,那么有话直说对于合理提升和运用推理能力至关重要。如果我们要和别人讲道理,那么不分享自己的想法就无法说服别人,我们仅靠自己根本无法很好地进行推理。

梅西耶和斯珀伯从大量实证文献中总结出几种令人信服的观点,其中一个核心观点是,有各类实验结果表明人们常常会在事后进行归因,而互动理论模型可以为这些结果做出解释。具体来说就是,在过去多年所进行的各种实验中,测试者猜测受试者做出某些行为的原因,并不是受试者自己认为的原因或者他们表现出来的原因。

例如,在一项研究中,测试人员同受试者友好地打过招呼后,带他们进入一个房间填写调查问卷,并且告知他们这是与游戏相关的测验。然而测试真正的目的是观察他们在看到有人需要帮助时会作何反应。过了一段时间,房间外传来一阵声音,听起来像测试者爬上了椅子,然后发出一声巨响。这位测试者痛苦地哭喊着,叫人帮忙把压在腿上的东西挪开。当受试者单独一人在房间时,大多数(70%)人会选择出去帮忙。

然而,在另外一项实验中,房间里有 2 位受试者。其中一位是伪装成参加测试的演员,他在听到这位测试者的求助后耸了耸肩,对正在发生的事情表现出一副漠不关心的样子。

测试结果令人震惊,只有 7% 的受试者出去帮忙。但是重点在于,当随后询问其他人不帮忙的原因时,很多人坚持认为另一位受试者的冷眼旁观对他们的决定没有影响[16],当然,他们的想法肯定是错误的。

那为什么他们会坚持认为自己没有受到另一位受试者的影响呢?因为大方承认受到了影响会让他们觉得很没面子。如果像梅西耶和斯珀伯所认为的那样,理性的主要作用是为自己辩护,那么以上实验的结果也就不足为奇了。但如果我们解释的原因和做某件事真正的原因是一致的,那这样的实验结果实在是令人费解。显然,第二个实验中的受试者是因为另一位受试者表现得漠不关心才拒绝帮忙的——他们为什么不承认这一点呢?他们单纯在撒谎吗?

在另外一项惊人的研究中,测试者拿着一个写字板在街上询问路人对于一些道德和政治事件的看法,并让他们解释原因。然而受试者不知道的是,他们所认同的一些观点早就被推翻了,因此他们阐述的完全是相反的观点。但是超过半数的受试者并未意识到这一点,事实上他们还解释了自己为什么会赞同这个错误观点![17] 许多研究也应用了与此研究相似的设计,同样也得到了类似的结果。因此,梅西耶和斯珀伯总结这一类人为"理性化机器"(rationalization machines)。[18]

梅西耶和斯珀伯还运用了另外一种方法来证明互动

理论模型的合理性，即理性作用下所产生的"证实偏差"（confirmation）或"我方偏见"（myside bias）[19]，这一心理效应早已臭名昭著。推理时我们常常会考量一些能够支持之前观点的因素，但是这样思考之后更难得出正确的观点。然而，如果我们推理是为了得出正确的结论，那么就不应该出现我方偏差才对——相反，应当把焦点放在如何驳斥错误的论据上。因此我们可以推翻理性的作用是"帮助个人形成正确的认识"这一结论。

梅西耶和斯珀伯做了以下类比来帮助我们理解。以雄性麋鹿为例，笨重的鹿角使其难以躲避捕食者。但是明知如此，有人还妄言鹿角的作用是便于麋鹿躲避捕食者，这有多荒谬！我们应该思考鹿角的其他功能——雄性鹿角笨重可能是性别选择的结果，这是为了吸引雌鹿，并非为了躲避捕食者。同理可得，理性是为了给自己辩护，而不是为了帮助人们找出真理，无论真理如何。

总的来说，几十年的心理学研究表明，人在推理过程中常常犯懒且带有偏见。这一结果令人失望。如果推理过程确实如此不尽如人意，那推理的意义何在？也许我们应该放弃推理。还有，如果这些缺点难以避免，为什么还要费尽心思培养推理能力呢？

第二种选择就是坚持己见。我们可能只是不认同"人在推理中常常犯懒且带有偏见"这一观点,或者不承认一般情况下我们自己或其他聪慧、有学识的人在推理时也会有这样的缺点。但是我们也能拿出强有力的证据反驳以上观点——"人越聪明,偏见越少"这一观点是错误的,而且我们反驳的理由也很充分。比如,在政治上更有真知灼见的人会表现出更严重的实证偏差。[20] 虽然偏见在推理中很常见,然而大多数人并不认为他们有偏见——他们会认为有偏见的是其他人,不是我,我们人类善于思考。这就是心理学上所谓的"偏见盲点"(bias blind spot)。更高水平的认知复杂性并不能缓解"偏见盲点"这一效应;事实上,近期研究表明认知复杂性甚至可能会加剧偏见盲点的影响。[21]

第三种选择是接纳理性的社会性特点。梅西耶和斯珀伯认为,这种懒惰和我方偏差是一种特点,而非缺点。我们借助理性进行反复推理,从而寻得各种事件的真相。这种懒惰和我方偏差促成了认知劳动的分化。我为 X 方辩护,你为 Y 方辩护,我们和观众一起看看到底谁胜谁负。重要的是,要做到这一点,即使不能很好地评判自己的理由,我们也必须对他人给出的理由进行一个客观公正的评判。事实就是如此——我们更擅长评判自己借鉴他人想法而形成的观点。[22] 因此我们在推理时表现出来的懒惰是有选择性的:宽于待己,严于律人。

梅西耶和斯珀伯是这样解释的:

如果我们从互动理论的角度来看,论点的产生虽有谬误,却有利于认知劳动力的分化。最难的是找到好的理由,然而得益于我方偏见和适度的懒惰,因此没那么难。由于存在我方偏见,推理者仅关注某一方面的观点,而不是想办法去采纳所有观点。因为懒惰,我们在找到可接受的理由之后便不再寻找更好的了。谈话的一方如果没有被说服就会提出相反的观点,这将促使另一方给出更明确的解释。但受偏见和懒惰的影响,交换观点就成为一种优雅的、高效的解决分歧的方式。[23]

如今的法律体系在其起源上尽管远远先于这项研究,但还是将研究理论融入了自身体系之中,并与这些理论一同发展进步。法律明确规定律师的职责是维护辩护人的权益,而不是直接找出真相或维护正义。相反,就规则和激励措施而言,真相和正义终究会通过庭审程序后重现于众人面前。陪审团制度也反映了对单个推理者局限性的认可。个人可能会带有偏见,这一缺点难以改变,尽管如此,陪审团依旧可以找出更为可靠的真相,尤其是当陪审团成员由形形色色的个体组成时。[24] 每位陪审团成员都会认真思考其他成员推理的过程,经过一系列审议之后,真相终会水落石出。鉴于我们更擅长分析他人的推理而不是自己的推理，决定判决结果的是陪审团，而不是为案件辩护的律师。

对于个人和团体的影响

如果梅西耶和斯珀伯的观点是正确的，那么我们应该将我们的认知活动视为一场法庭辩论，而不是一次试着自己寻找到真理的思想活动。推理过程虽存在偏见，但是这并不意味着我们不能成为优秀的推理者。显而易见，律师必然会有偏见，但是律师之中仍然有佼佼者。一位优秀的推理者在某种程度上很像一位优秀的律师。大概要想好好推理，我们就要把自己当作一个优秀的对话者，无论是口头交谈，还是书面交锋。而且，要想成为出色的对话者，你就必须有话直说。

这启示我们，要想好好推理，我们必须找到优秀的对话者。也就是说，与人交谈时，我们一定要找那些能进行富有成效的对话并且可以相互质疑对方的观点的人。优秀的对话者能够提供有价值的反馈，在思想交锋的一来一回之间，双方可以达成共识或者寻得真理。因此，推理更像是两个人在打羽毛球，而不是爬山。原则上来说，如果你只有一个人，你可以去爬山，但却打不了羽毛球。如果有人想训练打羽毛球的技术并且希望有所提升，他必须找人一起练习——而且最好对手的水平与自己差不多。

这还启示我们,如果身边尽是思维同频的人,我们很难得到一个好的推理结果,已经有科学研究证实了这一点。无论智商多么超群或者受教育程度有多高,一群思维相似的人在一起推理通常得到的结果都很糟糕,尤其是他们之间有情感联系时。[25] 就此类情况而言,伯特兰·罗素认为:"与其被动地同意他人的看法,不如理智地表示反对,这样还能获得更多快乐,因为如果你重视理智,那么你的反对正表明了一种更深层意义上的赞同。"[26] 当然这并不是在说我们必须和那些与我们观点相反的人一直打交道——因为从多方面来看,这样做并不合适。你可以在两个极端间取得一个平衡。

以上所收集的心理学例证也支持了我在之前章节所提出的观点,即我们的知识生产机构对待不同观点时应当尽可能兼容并蓄,这样才能运转良好。从个人道德角度来看,这也启示我们应当让持异议者尽情表达其观点,在自己力所能及的范围内进行非正统研究,不计社会代价。交流中提出一种新的角度或观点,比围绕同一个角度反反复复进行解释要有价值得多。正如我在本书前面章节所提到的,诸如物理学、化学或者哲学中所谓元伦理学(metaethics)的子领域,大概不会有这方面的担忧。需要考量这一问题的是那些存在重大社会压力的研究领域,并且思考此类问题不是为了提出某些特定的观点,也不是为了展开某些调研以驳倒一个特定的结论。

总之,如果推理在本质上是一种社会性活动,那么为了得到合理的推理结果,我们必须身处一个恰当的环境,并且依赖合理的社会激励政策。如果某一特定研究领域满足不了这两个条件,那么从某种程度上来说,该领域的集体认知就会变得贫乏和扭曲。因此,作为个人,我们没理由相信这些研究领域的知识生产机构所做出的成果。

结论

正如梅西耶和斯珀伯所说,如果推理在本质上是一种社会性活动,那么不能有话直说就意味着我们无法做出精辟的推断。如果古希腊哲学家的观点是正确的(即将推理能力发挥到极致就会造就美好人生),那么我们可以得出一个重要的结论:有话直说对于培养人类的推理能力至关重要,对美好人生也至关重要。

如果我们审视自己是为了不必在提出质疑、分享证据或是询问问题时面对社会压力,那我们的理性终究会被束缚,难以得到长足发展。也许我们可能成为某一非政治化的子领域的专家,但是我们不会成为优秀而缜密的思想者。有人可能很满足于成为这样的专家,如果能一直承受住社会压力,那他们甚至可能感觉不到什么压力。但是这样绝不可能促进人类的蓬勃发展。

第五章
独立和美好人生

世界上有一些人骨子里如此吝啬和卑微，他们甚至宁愿依靠他人的接济，也不愿靠自己的努力挣得半分；单就这样的侥幸心理而言，还有更多的人应该被称为"乞丐"。他们懒惰、漠视真理，把追求真理的苦差事交给别人，自己坐享其成。他们关心的从来都不是真相，而是在某些事情上他人怎么说、怎么想；而且他们对待事情的看法，如同对待穿衣服，跟着潮流来就行。

——托马斯·里德（Thomas Reid）《论人的行动能力》（*Essays on the Powers of the Human Mind*）

本章所要传达的主题是，独立运用人类所特有的能力——无论是何种能力——是实现美好人生的必要条件。这一主题融合了第四章的观点，如果推理是人类特有的能力，那么对其的充分运用必然体现出独立性：换言之，我们必须独立思考。另一方面，本章不会不假思索地就认同亚里士多德的观点，即理性是人类的唯一特质。我们不为"人类的特质是什么"这一问题设限，无论答案是什么，美好人生均体现了我们很了解对于这些特质应当如何运用。

我认为，只有拓宽思维和思考的角度，一个人才能拥有美好人生，而不是简单地遵从、吸取那些他在周围环境中潜移默化获得的价值观念。此外，为了培养这种独立性，就必须培养一种畅所欲言的性格，或者从更多方面来表达自己的想法，例如生活方式、艺术等。

这并不是说独立是美好生活的充分条件，这只是一个必要条件。举例来说，我们可能遭遇了外在的不幸，导致难以实现美好人生。比如有一位极有天赋的作家或一位企业家，即将要把想法付诸实践之际，他却出了车祸，遗憾离世。我们很自然地认为他本可以实现美好人生，然而因为现实中的这场不幸，无法如愿。

此外，这里讨论的独立并不简单等同于唱反调。唱反调的人单纯为了反对而反对：有人认为地球是圆的，他就说地球是平的；有人说地球是平的，他又说地球是圆的。这一类人看起来有独立的观点，实际上没有。他所表现出来的，是流于表面的独立。因为，其他人的观点决定了他的观点：别人指向南，他就偏指北；别人指向东，他就偏指西。其他人随风倒，他就偏要倒向另一边，风完全决定了他的飞行轨迹。因此，他还是被环境所左右，并没有培养出个人的独立性。

到底何谓"美好"人生呢？它是我们可以引以为豪的一种人生，是恰好值得他人欣赏和尊敬的。也许它身上散发着一种美——以至于让人像是在欣赏一幅优美的绘画或是一篇文学佳作。那为什么独立对于美好人生至关重要呢？我认为想要完美地解释这一问题，需要对比那种循规蹈矩的人生。我也希望读者能够从比较中发现不足。

野牛和角马成群结队而行，沙丁鱼这样的鱼群也一样。这些群体里通常没有领头的动物，但是每一个动物的动向都会和其他动物一样，整个群体的行动保持一致。但是每个动物不会真正理解为什么整个群体朝那个方向前进。一只沙丁鱼可能感知不到整个鱼群在试图逃离捕食者——因为它只是在像其他沙丁鱼一样，向着同一个方向游动，这样会感到很安逸。即使没有捕食者，它也会随着鱼群游动，如果鱼群无缘无故就改变了方向，那就换个方向继续游弋。在非人类的动物王国，我们可以将这样的行为与猎豹或老虎做对比。尽管这些动物的行为大多出于本能，但它们的行动仍然是自主且有目的的。

现在请想象有一个人按照角马或是沙丁鱼的生活方式过着自己的精神生活，他只认同当下最流行的观点——尤其是他所处集体中最流行的观点。他关注着社交媒体中有影响力的人、他的同辈等,然后判断哪一方的观点是当下的主流。他所在的集体通常像牛群或马群那样前进。他现在考虑的是事件 X,接下来又为事件 Y 愤愤不平,明天又对事件 Z 义愤填膺。这样的一个人可能不会认为自己盲从(我们常常会吹捧自己),但他确实会随大流。"我所在的集体认为 X 正确,但是它真的正确吗?""X 是否与集体所认同的其他观点或理念相冲突?""世界上发生的所有事情当中,Y 是最值得我们关注的吗?""我所在的集体将一些基本价值观视为理所当然,这合理吗?"他几乎不会提出这样的问题,他也肯定不会说出来——因为说出这些问题可能得承担一定的社会成本。只有当他觉得能够从集体中得到最多的赞扬和积极的反馈时,他才会思考问题并有话直说。

请思考一下,这样一个人,他过的是美好人生吗?这就像有人设计了一个可以通过图灵测试的人工智能,他采用了最前沿的技术,完成了系统优化,说的话和做的事都合乎时代精神所弘扬的内容,其目的就是获得社会地位。有群居动物思维的人不可能拥有美好人生,他们可能会获得快乐和地位,但是如果缺乏独立,他们的人生似乎不值得欣赏和敬佩。

这一观点贯穿约翰·穆勒和弗里德里希·尼采的思想中——这两位伟大的哲学家殊途同归。他们都认为美好的人生必须表现出独立性。精神上统一的生活其实并不美好。我们反对完全趋同不仅是为了促进社会进步(虽然这样的利他主义观点在穆勒的思想中要更为常见),还是为了自己考虑,为了实现美好人生。

虽然本章会聚焦于穆勒以及尼采的思想,但是历史上许多哲学家都以某种方式呼应了独立成就美好人生这一观点。以伊曼努尔·康德为例,康德与穆勒或尼采之间并没有太多相通的观点。穆勒支持利他主义,然而康德在伦理学中主要反对利他主义。尼采也对康德的一些观点进行过猛烈的抨击,但是康德曾经在一篇探讨启蒙运动的文章中这样写道:

> 要勇敢地利用你自己的理解能力!这是启蒙运动所提倡的。正是因为懒散和怯懦,还是有很多人仍甘愿处于不成熟的状态,尽管自然帮助他们摆脱了他人的影响,……这种不成熟的状态真是惬意啊!……那是人生中最美好的一段时光……绝大部分的人都把步入成熟状态视为艰辛且格外危险的事情;然而有些人出于好心承担起监护他们的责任,这些监护人早就察觉到了他们的这种想法;于是监护人驯化他们的生物,使这些生物变得愚蠢,还小心提防这些温顺的生物冒险从困着它们的推车里跳出来。[1]

许多伟大的哲学家都建议独立运用思考能力，尽管他们在各种基本问题上都有分歧。但本书旨在传达这样一种观点，有话直说对于培养独立性和发展构成独立性的各种因素至关重要。要想培养出独立性，我们不能把所有的想法都藏在心里。因为推理能力是一种社会性活动，我们只有把最初的想法分享给对话者才能实现更好的推理。而且，想法在未表达出来之前通常是不成熟的，无论是书面的、口头的还是其他的表达形式。从某种程度上来说，我们有理由认为人类所特有的能力，无论是哪种能力，都在本质上具有社会性。确实我们早就听惯了人类是社会性动物这一陈词滥调，但是一个人在受到极微小的社会压力时连小小的异议都不敢表达，那么他也算不上真正意义上的独立。因为独立的一方面表现为，尽管不必像苏格拉底那样无畏生死，但也应当主动反抗来自社会的压力。因此，独立是一种具有外在表现形式的特质。

如果有话直说对于培养和表现独立性十分必要，且后者是美好人生的一个重要特点，那么为了实现美好人生，我们有必要有话直说。接下来，我会引用穆勒和尼采的几种观点来解释他们认为值得培养的独立性。另外，我还将研究他们在培养独立性时所警示的一些问题和陷阱，将他们的讨论与当下仍存在的问题和趋势联系起来。

独立是美好人生的组成部分

穆勒有一个著名的观点,即国家应当赋予每个人以广泛的自由。因此他是古典自由主义的守护神。他还认为,从某种意义上来说,国家不应干预人们做一些只为自己考虑的事,因此,他反对家长式法律,即旨在为公民谋福利的法律,例如此类法律可能包括禁止饮酒。

穆勒反对专制的一个原因是,世界上没有一条一刀切的规则能够为人们带去幸福或是促进人的全面发展。喝酒可能对一些人不利(例如对那些容易上瘾或者有一定的健康问题的人),但对于其他人则不然。而且,人会因为不同的事物而欢欣雀跃,找到人生意义。所以世界也应当允许人们"探寻各种各样的人生",这样每个人就都能找到最适合自己的人生,毕竟人各有志。

我们提倡个性发展的另一个原因是,思想自由有助于人们研究出各种各样的新成果。我们希望有人能够质疑某些社会规范是否公正合理,如果不合理,那就探索出新规则。只有能够有话直说并质疑当下的假设和理论,人们才能实现社会科学和自然科学领域的发明与创新。[2] 目前社会创新的状况还算不错。这些原因都解释了为什么要追求和促进独立,但是这是从功利角度出发的,忽视了人的精神需求。独立之所以被认为是好的特质，是因为人只有在独立时才会发现到底怎样的生活最令他们满意，独立驱使人们创造出新成果去造福他人。许多读者明明发现这就是事实，但还可能觉得无关紧要。这也是现代评论家和政治哲学家从穆勒的思想里看到且强调的观点。³

穆勒极力强调的一个十分有趣的观点是，独立之所以有价值，不仅仅在于它帮助我们追求其他东西，还因为它本身就极具价值。事实上，穆勒曾感叹他还需要解释为什么一些人自身培养的独立性对他人有重要意义。他希望通过解释这一问题说服大多数的读者，让他们相信独立在某种程度上是有价值的。在《论自由》(*On Liberty*)第三章前半部分，他写道："不幸的是，众人仍旧因循一般的思维方式，难以看透个人自主性的内在价值，甚至不愿对个人自主性为何物多做了解。"⁴ 穆勒哀叹道，"在那些没有创新能力的人看来，独创性一文不值。"⁵

为什么个性本身也是有意义的呢？《论自由》的第三章提到了亚里士多德的目的论。穆勒认为，通过反思人类的本性我们会发现：如果人类只会复制，那将无法实现真正的繁荣——人类必须还会创造。一些物体和生物仅仅通过复制也能有所发展。以沙丁鱼为例，作为一种群居鱼类，它只有跟随鱼群才能活下去。一条独行的沙丁鱼是无法找到食物的，它很快就会被捕食者吃掉——所以避开这些问题它才能活下去。但是人类和沙丁鱼不一样，只有通过培养和运用独立思

考和看待事物的能力以及独立生活的能力,我们才能取得卓越成就。所以穆勒认为:

> 人的本性不是模子里造出的机器,也不像机器那样按照写好的程序运行。人的本性更像一棵树苗,需要不断向外舒展枝丫,随着内部力量的发展顺势生长,最后成为生机勃勃的大树……人没有欲望和冲劲,就没有个性,至多像台有特色的蒸汽机罢了。[6]

他还在《论自由》中用最铿锵有力的言辞写道:"要想让人类成为值得瞩望的尊贵美好之物,就不能消磨一切个人所独具的殊才异禀使之泯然于众,而只能在无损于他人的权利和利益的范围内,使之得到培育与发扬。"[7]

尼采也认为独立是美好人生的必要组成部分。一个伟大的人是一个能创造出自身价值的人。[8]只有这样的人才能过上一种高尚的生活,一种我们在伟大的文学作品中欣赏到的高尚生活,具有特定的美学价值。[9]个人价值的创造要求我们拒绝将周围的文化视为理所当然之物。在尼采所处的时代中,以上观念就是他所谓的"基督教"价值观(虽然我怀疑尼采可能会认为当今的价值观更符合基督教所宣扬的价值观)。尽管当时的欧洲知识界走向了世俗化的道路,但尼采仍然认为当时的价值观与基督教价值观极为相似。

尼采还质疑过当时的价值观（他常常强调他不想成为哲学教授），并且还创造出了一种新的观念。他认为：

> 我越来越觉得哲学家必然要关注明天和后天，总会发现，也必须发现自己与今天的矛盾：他的敌人一直是今天的理想。到目前为止，所有这些名为哲学家的非凡之人很少认为自己是智慧的朋友，反而自认为是难以相处的傻瓜、危险的提问者，他们终于找到了自己的任务，找到了那份艰巨的、不受欢迎的且不可推卸的任务，但是最后他们也发现了任务的伟大之处，那就是成为这个时代的"问心有愧"之人。把刀活生生地插到时代价值的胸膛，他们将自己的秘密公之于众：了解人类的伟大，探索人类启蒙的新道路。[10]

尼采阐释了一种更深层的独立性。不仅仅是穿衣风格、饮食选择或者音乐偏好的独立，这些事情太容易实现了。而是，他愿意也有能力质疑那些最基本的评估性观念，虽然当时的社会想当然地就认同了这些观念。尼采展现的独立是可评价的。成为哲学家在某种程度上意味着一定会被误解，或被人们视为危险邪恶之人，或者兼而有之。[11] 所以，尼采也希望自己被误解,然后"死而后生"[12]。尽管尼采的任务如此凶险,他还是甘之如饴。他欣然接纳并培养独立性,不屈从于社会要求遵从规矩的压力。尼采鼓励那些有能力成为这样的哲学家的人抛开谨慎,投身于战争——投身于反对他们时代里那些安于现状的道德观念的战争。他说:

> 请相信我:你们这些求知者,想要获得累累硕果,想要生活无比欢乐,那就去过危险的人生吧!把城邦建在维苏威火山的斜坡上!把船开向未知的海上。与同伴、与你自己做斗争吧!如果不能成为统治者和占有者,那就成为强盗和征服者吧![13]

当然,尼采并非在谈论现实中的抢劫或危险,而是从更深层的意义上去解释危险——这是一种精神层面的危险。重新评判那些你从小到大习以为常的价值观念是一项危险的任务,毕竟生活中充斥着这样的价值观,你被灌输(甚至是被告知)挑衅甚至批判这些价值观是道德败坏之举。这样的生活就像是驶进了一片从未有前人来过的未知海域,你也不知道前路到底如何。

尼采认为,不当哲学家也可以成就伟大人生,例如贝多芬(Beethoven)就是他常常提及的伟大个人中的代表。贝多芬的伟大之处一部分在于他的创新，我们认为贝多芬是一位伟大的作曲家是因为他的音乐在当时前无古人，举世无双。但若是今天有人创作出了相似的乐曲，世人大概不会认为他是伟大之人，事实上也确实如此。这样看来，伟大本质上意味着，尤其是要在所处的文化和历史背景中。尽管如此，仅仅是脱颖而出还远远不够。[14]

尼采认为，美好人生要求我们去努力奋斗，做出卓然成就，这显然不能是贪图安逸。美好的人生在某种程度上意味着苦难：奋斗需要我们经受挫折。这些挫折可能包括自我怀疑、挫败沮丧、与人疏离等。那些有较强独立性且拒绝随波逐流的人，注定会感到孤独，与他人疏离。[15]这大概是一种来自21世纪的思想，以一种异乎寻常的方式去看待人生。但是对于尼采而言，伟大之人不会避开挫折，有时他还会主动寻求挫折。

此外，尼采并不认为有些人必须经受过挫折后才能帮助到他人，也不认为这些挫折会带来物质回报（从长远来看，意味着快乐、财富或地位）。这对尼采而言相当肤浅，过于物质至上。至少从一个方面去解读尼采，我们可以得出的结论是，有趣又重要的独立人生本身就有价值，它不会是安逸的一生，因为我们需要投入大量的精力，为实现美好生活而奋斗，奋斗本身以及克服重重困难的过程都是有价值的。[16]

尼采承认，许多人确实会对这种看待事物的方式感到疑惑。他说："大众认为所有高尚的、大度的情感都是不恰当的，因此也是不可信的……当人们不由自主地相信世上不应有为己谋利的私欲时，他们便认为高尚的人是傻瓜。"[17]尼采认为，大多数人难以理解他所推崇的独立性的优点，这些人会问：独立能带给我什么？独立对我有什么好处？同样地，尼采还认为，这些"高尚者"也难以理解"普通大众"。"高尚者"也会疑惑为什么众人不推崇他们所享受的独立。"大多数情况下"，尼采写道，"高尚之人认为他们展现出了激情，但是这种激情在人群中渐渐隐匿了，这一观点甚至成为一种受人热情追捧且有说服力的信仰。"[18]

正如前面所强调的，如果独立是有价值的，那它必然不是简单的唱反调。如果尼采推崇的独立仅仅是为了不同而不同，那么这似乎算不上一种崇高的理念。为了独立而独立的人，仍然会放任自己随波逐流。但是从尼采的思想中，我们可以解读出的一个观点是，一个伟大的人无须像他人一样遵从集体的价值观念。许多人确实需要遵从，但是只有少部分人不需要，而正是这少部分人才能够实现美好人生。"人必须摆脱认同多数人观点的坏习惯。"[19]尼采说。摆脱了这样的思想后，人就能自由判断同辈认同的价值观念是否真的有意义，这样才有可能收获有趣又独一无二的人生。

独立是少数人的特权

在以上讨论中，尼采认为，不幸的是大多数人都无法成为独立的思考者，他们注定要走上一条安稳平坦的路，也会不解为什么有人不选择走这条路。《查拉图斯特拉如是说》（*Thus Spoke Zarathustra*）是尼采的代表作，也是尼采最得意的作品。查拉图斯特拉（Zarathustra）是从孤独和反思中走出来的圣人，起初他期望把他的思想传授给全人类。"看吧，"查拉图斯特拉说，"我厌倦了我的智慧，就像一只蜜蜂采集了太多的蜂蜜，我希望有人伸出双手去接住它。"[20]最开始他去市场上与人当面交谈，但是很快他的希望就破灭了，因为人们讥笑他、质疑他。他又决定只和同行的游人交谈。"我有一个新想法，"他说，"让查拉图斯特拉与志同道合的人，而不是其他人谈话……为了吸引更多的人远离集体的影响，我萌生了这样的想法。"他过了一会儿继续道，"请保持善良和正直！人们最厌恶谁？是那些打破他们信仰的人，那些破坏者，那些破坏法律的人；但是他们同时也是创造者。"[21]

因此，许多人，尤其是那些标榜自己是作风正派、一身正气的人，会鄙视甚至企图迫害那些质疑他们价值观的人。在自诩正义的人眼中，"善与义"是阻碍人类进步的绊脚石。[22]大多数人只是认同群体的道德观念，或者不敢自己独立思考。尼采逐渐意识到这个问题有些棘手，于是后来他改变了策略——他不再对于当下的状况听之任之，而是决定为那些有能力打破旧思想的少数人著书、交谈。

在其他方面，尼采更加有话直说，例如，他在《善恶的彼岸》（*Beyond Good and Evil*）一书中提到，"独立是属于少数人的，是强者的特权"[23]。在《快乐的科学》（*Gay Science*）一书中，他感叹道：

> 尽管我不愿相信，但是这个事实显而易见：大多数人都缺乏智慧和良知。我的确常常感到，好像任何需要智慧良知的人即使生活在人口最密集的城市，他的内心还是孤独得像活在沙漠里一般……我的意思是：大多数人不会认为生活随信仰而变是可鄙的行为，因为他们没有在开始改变信仰时弄清楚影响这种改变的最具有决定性的、最确切的原因，也没有权衡利弊，甚至在改变信仰之后也没有为之前的种种原因劳神思虑。[24]

因此，大多数人会相信并谈论那些主流的、顺耳的言论，而从不会真正关心这些言论是否真实合理。因此许多人的道德行为和社会作为（social commitments）都或多或少被集体认同的观念所左右，但是这也不能合理解释为什么人们相信那些言论。事实就是，身边的每一个人都认为公平正义需要X条件才能实现，但是我们没理由相信正义的实现需要达成X条件。相反，一个理智且诚实的人，他的良心要求他扪心自问，正义是否真的需要通过X条件来实现。他对道德和公正的理解从来无关大众推崇的主流认同，他自己会认真审视这些问题：正义需要X条件来实现的理由是什么？这样的条件会带来什么问题？这样的正义是否与我们周围人的行为相符？等等。

穆勒还认为，在他所处的时代，个性也是罕见的。就大多数人而言，穆勒说："人们眼中只有约定俗成的规定，缺乏个人想法，所以他们的思想被铐上了枷锁。"[25] 与尼采相比，穆勒更喜欢研究允许伟大思想百花齐放的社会和政治环境，而且他对在全社会推崇独立和个性的愿景要乐观得多。[26] 因此，他极力提倡社会规范和法律允许个人在言谈举止和生活方式上拥有尽可能多的自由，和人们在其他事情上的自由度保持一致。

穆勒认为这样的社会才是可取的，部分原因是它促进了优秀人才的发展。他认为"天才"难以适应一个僵化的社会及其生活方式，所以一个"能允许个人活出真我"的社会规范十分重要。[27]

教育是破解之法？

怎样的条件才能够促进个人的全面发展，帮助个人培养思想和价值观念的独立性？这一部分值得深究。人们常常认为这是教育的任务。理想状态下，通过教育人们能够学会批判性思考，而不是把社会的价值和观念视为理所当然，因此这一点也能够解释为什么现代教育体系如此庞大且耗资不菲。

穆勒担心教育是否能够扭转乾坤。不能只因为某件事的目标是X，我们就得出结论，说它已成功地实现了X目标。如果没有认真对教育进行规划，那么教育可能不会帮助人们摆脱顺从的心理，相反会培养人的顺从性。正如在之前的章节中所提到的，穆勒认为重点在于营造出一种公开讨论所有问题的氛围——甚至可以讨论我们认为最基本的或最不可侵犯的问题。只有这样，我们才有理由像我们相信某个观点一样相信其他观点。然而，他感叹道：

> 在他所在的时代，所谓受过教育的人中有99%都盲从于集体认同的理念；即使有些人可以为自己的观点流利地辩护，其中99%的人亦是人云亦云。他们的结论可能是正确的，但是他们对所有事情的认知可能是错

误的：他们从不会站在那些持有异议者的角度去思考问题，也不会思考后者会说什么；于是无论怎样，他们都不会真正理解他们所信奉的理念。[28]

所以，如果仅仅关注问题的一个角度，就不能从其他角度进行思想上的交锋，那么教育机构终究无法完成传播真理和培养独立性的使命。穆勒并不是在反对知识和智慧，相反，他的观点反映了其对治学严谨的尊重。然而仅仅授予学位还不足以培养这样的严谨性，将高等教育机构的体系扳回正路才是重中之重。

如果学生在思考某个道德或政治事件时，习惯性地认为只从一个角度才能合理地解读整个事件，并且还会将持有其他观点的同学妖魔化，这就违背了教育的初衷。因此，尼采认为："如何让年轻人堕落？就是让他们与那些想法一致的人为伍，而非想法不同的人。"[29] 他担心的问题是，当时德国大学的体系并没有鼓励学生质疑社会所推崇的价值观念，而是让学生不假思索地就接受这些价值观。他认为哲学家很难在大学里有所成就。[30] 无论教育机构曾经冠冕堂皇地宣扬教育的目标有多么高尚，都远不能让人思想独立。

另外，尼采还担心，过度专业化可能会削弱学者创造力和独立性的发展潜能。在《查拉图斯特拉如是说》的一个精彩段落中，他将学者们比作"面粉袋""磨坊"和"青蛙"，这些人"治学就像啃硬骨头"。他还说宁愿睡在"牛皮上，也不愿睡在他们的礼仪和名望上"[31]。我们可能会怀疑尼采是否充分认识到了知识生产时认知劳动力分工的重要性。也许他对专业化太过苛责，他认为专业化的不利之处（尽管专业化从整体上而言是一件好事）在于人们很难提出一些宏大的问题并且给出一些新的解释。他的看法可能是正确的。尼采还认为大学体系正如其设立的初衷一样，可以培养出"哲学工作者"，但并不能推动哲学家的自我提升。[32]

政治和服从

培养独立性的另一个困难在于人们关注政治，消费政治。尼采认为，政党和政治纲领，就其体系而言，怂恿人们顺从，遏制人们的独立性。正如本书前面章节提到的，政党倾向于创造一股强大的凝聚力，推动社会去采纳一整套理论，并且各理论之间由历史事件相衔接。例如，当今政党国家中的一个优秀代表——美国，政府在移民、最低工资、犯罪和治安、堕胎、环境政策等问题上已做出了明文规定，即使人们有不同立场和看法，有不同理由为此辩解，所有人也应当遵守这些明文规定。政治派别并不欢迎独立思考者。"任何人只要想得太多就不会成为政党的一分子,"尼采说,"虽然他们会觉得自己在为政党全盘考虑。"[33]

因此,独立思考者会尽可能地对政治避而不谈。[34]政治是浅薄的,政治上的联盟也是瞬息万变的。为了最大限度地提升选票数额,为了让选民只服从而不质疑,政党会改变党章。通常来说,质疑大众信仰不能从政治领域入手。因此查拉图斯特拉会避开每日政事,关注没有人敢质疑的基本问题。他如是说:

> 人必须习惯于在山上的生活——看看山下的人又在说怎样可悲又虚无缥缈的政治胡话……人一定是变得冷漠了,从不问真相是否有意义,也不关心真理能否解释我们为什么失败,还总是疑惑为什么如今没有人有勇气做违逆之事。[35]

毕竟当今的民主政治还是民主的,法律没有强制要求人们必须跟从任何党派的路线。于是许多人便天真地幻想:在民主政治制度下,他们的思想是由自己独立思考而形成的。然而他们未能意识到,尤其是遵从某个政党的路线时,大部分观点都受到了外部控制。控制有多种形式——可能是不易察觉的或是显而易见的社会压力,也可能是政党控制下带有偏见的媒体报道。因此,民主政治既培养群体的服从性,也"奉承那些看似独立自主的人,并赢得他们的支持"[36]。自以为思考独立,然而实际上并不具有独立思考能力的人,还十分认同政党的纲领。例如,在当今世界,社交圈里的人赞同什么样的观点,人们就会表达相似的观点。这个现象十分常见,他们会以为这些观点是自己独立思考出来的。如此一来,我们就可以理解所谓的一群独立思考者是如何体现"物以类聚,人以群分"的了。

伟人的蓬勃发展与基督教的道德观

尼采以其对基督教价值观的批判而闻名。他认为,基督教的平等观、苦行观和怜悯观否定了生命的意义。然而尼采认为理想中的群体应当是肯定生命、崇尚卓越、克服困难、追求高尚的群体。关于尼采是否以及在何种程度上认为即使身处基督教的道德文化背景中,伟大的个体依旧能够有所作为,这是一个很难解释清楚的问题。[37] 但是就尼采的某些观点而言,我们可以认为,基督教的道德伦理在本质上并不推崇伟大的个体发展,所以是荒谬的。

穆勒少有提及对这一问题的看法。尼采是无神论者,而穆勒却是虔诚的基督教教徒。但是在一篇很可能是尼采所作的文章中,穆勒感叹当时基督教的道德观念崇尚"纯真而非高尚","害怕信徒耽于声色",因此"推崇禁欲主义",是一种迫使人们服从的教条。穆勒同尼采一样,向古希腊和古罗马道德观念致敬,赞扬"高尚的人格、人格尊严……以及荣誉感"[38]。

这两位哲学家都在某种程度上认为,基督教的道德与崇尚独立、高尚的价值观是对立的。但他们对基督教的分析本身可能就偏离了主题。就穆勒的宗教理念而言,他批判基督教道德观只有一半符合真理。这是穆勒从任何一个角度或意识形态出发所能形成的,对基督教道德观最高程度的理解。此外,尼采和穆勒在很大程度上评价的一直都是基督教价值观的实践,而不是基督教教义的内涵。

如果他们推崇的这些价值观是正确的,那么21世纪的我们理应反思我们这个时代所崇尚的道德观念是什么,以及这些观念是否健康。我们这个时代的文化产物——书籍、电影、广告、杂志时事评述所反映的价值观是什么?当然,当今也有一些大型学术机构声称会传递价值观。但是在我看来,人们几乎不关注尼采提出的批判[39],尽管他批判的结果早已硕果累累,正等待有人前来采撷。

诚实

从很多方面看,尼采都是个"不道德主义者",他常常批判道德机构,否认某些特定的道德德行。[40] 他似乎从不特意以其中一种德行为荣，也就是"诚实"。他说诚实是"所有人都无法避开的"美德，也是"我们身上仅存的美德"[41]。当谈论起道德和社会时，真相并不尽如人意。的确，对于尼采而言，我们所以为的"最高瞻远瞩的思想"，听起来如此荒谬，甚至能够彻底侵蚀当今的文化。[42] 然而，我们能够毫不畏惧地接纳真理的范畴，在尼采的眼中，这是衡量灵魂的尺度。[43]

我们如何才能培养诚实，将诚实付诸实践呢？诚实似乎和独立密切相关。那些认同每一种主流观点的人，在某种程度上都不够诚实，因为他们认同并非因为证据确凿（虽然他们可能在说服自己时需要理由），而仅仅是因为想要合群并且表现出自己的正直。这是对真相的漠视——真相对他们来说根本就不重要。当他们认同某些观点时别人会怎样看待他们，这才是他们关注的重点——他们尤其关注这是否让圈内人认为他们有良好的社会公德心。他们还看重内心的安宁，所以他们倾向于认同那些让人安心的观念。但是这似乎反映了一种更深层的虚伪：尼采认为，与其说这是在撒谎，倒不如说这是更深层的不诚实。[44] 大概蛋糕最上层的樱桃表示的就是这种人，总是在表达观点时掩饰那一份心安理得或者掩饰对社会地位的渴求。

我们想了解诚实与有话直说之间有怎样的关联。不表达异议也不提出问题，那我们就诚实吗？尼采提到的诚实大概不单单指的是内在的性格。相反，真正诚实的人会说出真实的想法并且提出问题，尽管这些问题会令人不安。当然，如果有话直说的代价过高，他可能会选择保持沉默，但是不会因为任何社会压力而退缩。他不会仅仅因为赞同某件事就能合群或者让他安心就这样做。他从根本上就不愿生活在谎言中，也不想让周围的环境都充斥着谎言。他不会重新诠释自己的人生，不会硬生生地改变自己的生活，不会接纳那些集体的价值观。相反，他会用行动表明他所认可的价值观。比如，如果他的行为和生活选择不同于平等主义的观点，他可能就不会认同——即使认同平等主义的观点会让他看起来好相处或给他在社交圈中的形象加分。

信念

评价一个人是否独立，一方面要看他是否愿意提出质疑，另一方面要看他是否有极强的信念感，能态度坚决，并且比其他人更能捍卫自己的观点。稍微观察那些在今天被赞许为有远见和英雄的人，读者们就能验证这一点。然而尼采认为，事实并非如此——伟大并非源于信念。"和谎言相比，信念才算得上真理的死敌。"[45] 他曾这样说。信念有黑暗的一面，它蒙蔽了我们的双眼，令我们对反面观点视而不见，它会不断把我们推向确认偏误（confirmation bias）。更有甚者，许多人会放弃他们的信念，转而相信先前已有的观念，企图消解内心的愧疚或虚无感。这样看来，信念通常是由外界思想转化而来的。相比之下，"伟大的人，"尼采说，"是怀疑主义者，查拉图斯特拉就是这样的人。坚韧、自由，都源自灵魂的超强力量，由怀疑主义来证明。有信念的人不必思考基本问题是否有意义。信念就是思想的桎梏。"[46]

通常为了让自己看起来正直又善良，人会保有几种信念，但信念之间通常会互相矛盾。不过，如果一个人不够严于律己，不能坚定地提出质疑，这样的人大概不会察觉到这些信念之间的矛盾。他还可能无视甚至反驳少数人提出的质疑。信念，尤其是由多数人的意志强加在个人身上的信念，不会受到他人蓄意的质疑。因此，"宽于律己的结果就是人同时有多种信念，这些信念相互包容……那么他如何折中呢？是始终如一地坚信它们，是一条道走到黑，是还没糊涂到接受5种矛盾的理念而放弃，还是诚实以待？[47]尼采认为，伟大的个人不会宽于律己，他们不会包容自己，反而会在基本的信仰和观念上严格要求自己，他们愿意质疑那些他们（应当）看重的观念。

穆勒认同这一观点——他认为伟大的个人不仅聪慧还很诚实，因此他们不会认为有什么理念是神圣的：没有什么是不能质疑的。穆勒说："要想成为一个伟大的思想者，必须懂得无论得出何种结论，他首先都要相信自己的智慧。"[48] 这话听起来容易做起来难，因为我们很难察觉到自己的偏见，容易认为所有结论都是我们权衡个中缘由所得。但是有一种方法可能对我们有所帮助，那就是审视我们的信念——我们是否认为某些信念是神圣不可侵犯的，同时也是不容置疑的？如果是，那我们可能不会一直无条件地追随这一信念。正如巨大的物体会扭曲空间结构，信念也可能会误导我们在类似问题上的思考。

文化同质化

今天我们面临的是个性和思想独立性所带来的一个基本问题，即不断扩大的文化同质化现象。特别是在社交媒体的助力下，全世界的文化（尤其是在西方世界）发展具有一致性。社交媒体中有影响力的人会与同行攀比，竞相提出前卫的观点。然而他们的观点跨越了地区和国家之间的阻隔，在全世界范围内传播开来。因此住在奥地利的小村庄或是印度城市的人能够了解并评判纽约的文化名人所提出的观点和潮流思想。但是问题在于，世界各地的每一个人都会思考同样的事情，有相同的价值观，而且就他们所处的特殊背景而言，这样的一致性没有任何意义——纽约人关心的事情不必受到奥地利或印度人的关注。另外，因为这样的同质化，持有不同想法的人会越来越难以找到一个合适的环境,以避开世界文化的影响。

从某种意义上来说,互联网和社交媒体推动了无数亚文化的发展。例如,现在有由各类爱好者组建的社群,每个社群内都有各自的风云人物。你会发现各种喜欢独立音乐的、制订特定锻炼方案的、养鱼的、编织的社群。但这只是表面的多元化,它可能掩盖了深层意义上的一致性和同质化。大多数人使用的社交媒体不仅仅局限于以上这些亚文化,全社会范围内越来越多的风云人物(有名的作家、学者、名人、公司总经理)就当天事件发表一些可预测且相似的观点(opine)。由于网络环境的以上特征,就当今社会基本的经验假设和可评价观点(evaluative assumptions)而言,同质化问题更加紧迫。

穆勒担心19世纪中期的文化会变得越来越同质化。贸易的快速发展使广大群众受到了同样的影响,报纸难辞其咎,正规教育也是如此。"在过去,不同阶层的人生活在不同的街区,从事着不同的生意和职业,他们生活在所谓的不同世界……而现在,他们读的是一样的报纸,听的是同样的新闻,了解的是同样的事情。"穆勒这样写道。为了对抗这样的同质化,他认为人们必须有意识地接受那些推崇思想和表达方式多样化的社会规范。而且,"如果直到生活发展成统一的范式才开始反抗,所有不同于这种统一形式的生活都会被视为不虔诚的、不道德的甚至是可怕的[49]"。现在的民主国家,文化同质化的发展是没有方向的,近代历史也大多如此。斯大林或希特勒统治下的人们被要求思维同化、欲望同化,并且这些国家自上而下地对叛离统一生活方式的行为实施了严厉的制裁。这些政权有意决定向大众宣传某种政治倾向性。但正是因为民主社会少有这种自上而下执行且有意设计的文化同质化举措,所以我们不该认为我们的社会没有这一现象,也不应该认为文化同质化是有害的。文化同质化可以是自发的,这样每个人都能为了各自的目的而展开行动,推动文化朝着特定的平衡状态发展。[50]

但是在这种平衡状态下,很难培养出所谓的独立思想,因为人们无处可逃。我们可以认为过去的思想者和作家像是一座宝库,能容纳可供人们探寻的无数思想,然而根据现代价值观念,这种平衡状态的文化会认为他们有问题,或者认为他们是疯子。因此,即使有智慧宝库存在,那也是人们难以企及的。正如尼采借查拉图斯特拉之口写道:

没有牧羊人,只有羊群!凡人皆愿平等,也皆平等:谁觉得不一样,谁就自愿进入疯人院吧。

"从前,世人皆疯狂。"精英如是说,眼眸闪烁。[51]

人们对此无能为力,但注意到今天文化的一种模式(可以说是像打了鸡血一样):尽管已不受"牧羊人"的控制,但思想还是渐渐趋于同质化;人们会否定过去那些伟大的思想家、受过最高等教育的人和最见多识广的人,认为这些伟人的价值观念十分古怪甚至糟糕透顶。

后 记

时不时地,将现在看作过去,并深思现在有什么东西可以为世界永恒的财富添砖加瓦。当我们和我们这一代人都化为灰烬,它们仍然存在着,活跃着,这样做才是明智之举。这样的深思,将改写人类经验,净化万物。

——伯特兰·罗素《论历史》(*On History*)

哲学家塞缪尔·舍夫勒让我们思考如下这个思想实验。如果在你死后30天,人类将被一颗巨大的小行星毁灭。这将改变你什么样的生活态度?将如何改变你定义的有价值和有意义的事情?将改变哪些你觉得愉快或充实的事情?舍夫勒认为,思想实验揭示了我们的价值观以及是什么支撑了这些价值观背后的东西。[1]

这一案例的关键在于:你的生命不会以任何方式缩短。想象一下,一个恶魔已经设定好了程序,无论你何时死亡,比如说时间 t 后,小行星都会在 $t+30$ 天内撞击地球。因此,无论你感到怎样的恐惧或绝望,都不能阻止你的死亡。

但是，即使你的生命没有缩短，你现在觉得有意义的东西大概也会失去它的价值。你还会从工作中获得同样多的满足感吗？你还想创造新事物吗？比如写一本小说，建造一座漂亮的房子，或者设计一种人们可能会使用的新产品？人们自然而然地会思考：这一切还有什么意义？

现在，我们开展的一些项目的目标取决于人类的未来。所以，如果我们知道了这颗小行星将会毁灭人类，我们将看不到开展这些项目的意义。比如，假设你是一名癌症研究人员，而你正在研究的想法可能需要数十年才能实现。如果你认为这一癌症只有在你死后才能被治愈，那自然就没有继续研究下去的必要了，因为无论如何，在你死后，人类都会因小行星撞击地球而毁灭。同样地，如果你知道自己的孩子将丧命于小行星带来的灾难，你可能不会选择生育任何（或更多的）孩子。

但舍夫勒认为，绝望远不止于此。我们可能会发现，即使对于那些仍然继续运作的项目，我们也很可能会发现它们已经失去了价值。比如，学习一项新技能或探索一种新文学相对来说似乎也没什么意义，尽管一个人做这些事情的能力并不影响他死后会发生什么。同样地，对于许多人来说，编写一个新的软件程序或搭建一座桥梁似乎是毫无意义的。参加马拉松比赛似乎毫无意义，还有很多其他的事情也没有意义。也许我们唯一觉得有价值的只有生活的基本乐趣：美食、视频娱乐等。尽管这些东西也可能会失去一些吸引力。许多人甚至会选择和毒品相伴余生。

如果所有这些都是对的，那么"人类的未来"（舍夫勒称之为"来世"）似乎是衡量一件事情是否重要的必要条件。我们衡量价值的许多做法都基于这样的前提：人类是有未来的，即使在肉身消亡之后，仍有一些东西可以传承下去。另一方面，对自己死亡的预感不会对我们产生这种影响，我们都知道我们总有一天会死去。我们可能会害怕死亡，但它不会像世界末日那样让我们陷入虚无主义。

事实上，舍夫勒认为，虽然我们害怕死亡，但死亡在某种程度上是事物对我们产生影响的背景条件。当我们对生命做出评价时，我们预设了生命的各个阶段，因此也预设了死亡。比如，我们可能会重视自己在学校的表现，但这代表我们在上学。同样地，我们看待职业成功、人际关系等的方式也与我们所处的人生阶段有关。如果仔细思考在这个地球上长生不老意味着什么，我们可能会发现这将是一种无法忍受的疏离和无聊的生活。所以，矛盾的是，我们的死亡和人类未来的延续（来世）都是衡量事情是否重要的必要条件。

现在，我们很可能会想，我们对30天后小行星撞击地球这一灾难感到虚无和绝望的唯一原因是，许多亲友都会因此丧命。

但是，这种情况也很容易改变，我们可以把这种情况从以上这种担忧中剥离出来。因此，舍夫勒让我们想象一个不孕不育的场景，每个人都突然不育。因此，假设从现在开始，不再有新婴儿出生，这就意味着我们关心的人不会因像小行星事件那样死于非命，我们所有的朋友和亲人都将能够过上正常的生活。尽管如此，虚无主义依然存在，不孕不育的情景是否能治愈小行星事件引起的虚无主义情绪（如果存在这一情景）？[2]

这表明我们生命的意义在本质上取决于未来人类的持久存续，尽管我们不会也无法了解未来这些人类。[3]这样一来，生命的意义就取决于它在整个人类历史中的背景，正如一笔、一句或一个音符的意义只能放在绘画、书籍或交响乐的语境中去理解一样。一个杂散的孤立的笔触、一个字或一个音符是没有意义的，人类生生不息的伟大交响乐必须继续奏响。人们经常强调，子孙后代在很多重要的方面都依赖于我们，这取决于我们是否给他们留下了足够的储蓄、宜居的气候等。但没有强调的一点是，我们也依赖于他们来获得生命的意义。

简单延续 VS 繁荣昌盛

虽然舍夫勒没有强调这一点，但我相信我们所关心的不仅仅是人类的延续，还有人类未来的繁荣。我们希望未来能有充实的个人和繁荣的文化，我们希望那时能有人类美德、创新、伟大的艺术、文学以及兴盛的社区。

为了理解这一点，让我们稍微修改一下舍夫勒的思想实验。无论你认为是什么导致了人类繁荣的缺失，我都怀疑人们对繁荣的个人和文化的看法会有所不同。但是现在想象一下，如果人死后不是小行星会毁灭而是人类中断了繁荣发展的进程。所以，设想一个能代替"人类繁荣"的词，并想象在你死后，尽管人类物种将继续存在，但人类繁荣将永远无法实现。

在这里，我们可以发挥想象力，运用我们能想到的任何反乌托邦场景。也许人类会在严格的独裁统治下回到黑暗时代——就像奥威尔小说《一九八四》描绘的场景那样，黑暗无时无刻、无处不在。也许一种思维病毒摧毁了人类的创造力和智力，使人们变成僵尸。也许一个邪恶的科学家通过基因改造了所有人类，使人类极其暴力和残忍，几乎没有了高尚的品行和性情。或者再想象一下库尔特·冯内古特（Kurt Vonnegut）的短篇小说《哈里森·伯杰龙》（*Harrison Bergeron*）中描绘的反乌托邦场景。

我怀疑，与死后小行星撞击地球相比，当面对这种虚构的未来时，我们可能不会立即陷入虚无主义，唯一的原因是我们抱有某种形式的希望。也许人类最终会以某种方式获得重生。或者，当世界大部分地区变成反乌托邦时，一个小国或社区或叛军据点在某处传递着人类繁荣的火炬，就像反乌托邦小说中经常发生的那样。但是，假设未来是永远黑暗，那么在我看来，虚无主义将会卷土重来。那这一切又有什么意义呢？此时此刻，我们生命的意义取决于人类是否会在未来存在并繁荣昌盛。这对我们应该如何思考并说出自己的想法有着巨大的影响，我将马上谈到这一点。

全面分析

在这本书中，我已经阐明了社会压力会造成危险的盲点。为了消除这些盲点，勇敢的人必须分享他们的证据，并提供不同的观点，尤其是在存在社会压力的情况下。即使要付出社会代价，个人也必须以这种方式在维护认知常识上尽一份力量。事实上，在某种程度上，道德常常要求我们为共同利益而牺牲狭隘的自身利益。

在前面的两章中我曾说过，当我们从更广阔的角度来思考是什么让人类的生命有了价值时，那些看似牺牲自身利益而付出的代价，实际上可能并不是代价。使人的生活从根本上有价值的，不是获得快乐或一定的社会地位，但这并不是说我们不能享乐或要放弃社会地位。总的来说，拥有这些东西对我们而言是有好处的，只要它们能让生命变得有价值。但是，如果在特定的环境中寻求快乐和地位是以牺牲生命的价值为代价，那么即使是为了实现自己的利益，也没有必要。

那是什么让生命变得有意义呢？第四章探讨了古希腊哲学家特别强调的一个观点。根据这种观点，美好的生活在于发展和出色地运用我们人类特有的能力，即我们的推理能力。但为了做到这一点，我们必须说出我们的想法。因为推理本质上是一种社会活动；不管我们有多聪明，我们都无法独自做好这件事。

我们从约翰·穆勒和弗里德里希·尼采等人那里得到的另一个启发是，美好（或伟大）的人生必须表现出独立性。这种独立不仅仅流于表面——体现在食物、衣服、音乐等方面，还体现在评价方面。根据这些哲学家的说法，伟大的人在社会的基本假设问题上不会随大流，他们不会因为所处的环境而调整自己的观念。相反，他们能够独立思考，也许不是在每个问题上（谁会有这么多的时间呢？），但至少是在重要的事情上。然而，为了培养并发展这种独立性，我想我们必须要说出自己的想法。从这种观点来看，牺牲独立性来换取快乐和社会地位是有悖常理的。

也许你不同意这些看起来奇怪的想法。也许推理并不是人类的特殊之处，爱情或友谊才是。也许，独立性也可能被高估了。比如说,一个人在体育领域已经取得了不俗的成绩,再加上稳固的家庭和社区关系,即使他没有什么独立思考的能力,也能算作拥有一种幸福的生活。尼采和穆勒都是有点古怪的家伙,所以他们当然会认为"独立"就是一切!总之,他们可能担心这些问题,而我也不能假装问题都已解决。

然而,你可能会发现,社会压力的确会造成盲点,并且难以否认的是,每一种文化和时代都有其愚蠢之处,翻开历史书就知道了!令人难以置信的是,我们的文化中不存在盲点仅仅是因为还没有意识到而已,然而此时此刻的我们并不是无法看清某个问题。在十字军、焚烧女巫的人、17世纪的天主教会这些文件上他们都没有意识到巨大的盲点。我们也是如此。

当我们反思未来几代人对我们的不好评价时,很容易聚焦于当下的热点事件。许多人可能会提到我们放任气候变化而致其急剧恶化的事实,或者大型工厂化农场。然而,这些事情尽管很可怕,但并不是我们的文化盲点。诸多文章、书籍和评论都攸关这些问题,这些问题也一直存在于时代潮流中。另外,主流文化力量不能也不愿触及这些盲点。

比如,想象一下,时光回溯至1692年,你来到了马萨诸塞州的塞勒姆,问当地的一位官员他是否有盲点,未来的人是否会对他做出严厉的评判。他也许会说:"是的,这是有可能的。我们可能绞死了无辜的人。也许另一个女人才是真正的女巫。"他甚至不能或不愿意去想（无论如何，大声说出来）"也许世界上根本就没有女巫"。当然，这并不是说气候变化和工厂化农业不算道德问题，而是我们有可能甚至都没有考虑到同样严重甚至更严重的问题。这就是为什么它们是盲点。为了寻找盲点，我们必须要了解社会压力在哪里。在塞勒姆，如果你不相信女巫，你可能会被指控为异教徒，或者别人指控你就是女巫。因此，如果不否认女巫的存在，将会面临巨大的压力。

然而，盲点却威胁着人类的未来——无论是生存还是繁荣。此外，历史上各民族都有一些优势，而我们却在逐渐丧失这些优势。首先，他们犯错误的影响范围有限，仅限于他们所处的环境。十字军东征对生活在中国的人们没有任何影响。中国女性几个世纪以来一直饱受缠足之苦，但这对印度女性没有任何影响。历史上那些各种各样的文化，即使一种文化受到压制，它也照样可以在其他地方繁衍生息。比如在欧洲的黑暗时代里，科学和哲学发展受阻，但不影响它们在世界其他地方蓬勃发展，特别是在中东和亚洲。然而，如今，我们的全球文化越是同质化，这种事情发生的可能性就越小，我们越来越倾向于把所有的鸡蛋都放在一个文化篮子里。

其次，技术和社会变革的步伐加快。对于普通人来说，

6世纪的生活与5世纪的有所不同,但并没有太大不同。公元前12100年和公元前12000年,普通人的生活差异甚至更小。但现在和100年前的差异是巨大的,只要读读海明威(Hemingway)或菲茨杰拉德(Fitzgerald)的早期小说就知道了。这些小说甚至都没有刻画出一个代表人物,大多都是一个自给自足的农民或是生活在一处没有电力补给的牧羊人。人们或多或少会发现,任一领域的变化都是以指数型速度发展的,而不是线性的。因此,考虑到我们现在所看到的巨大变化,如果稍有不慎,可能会把事情搞得一团糟。

现在就说出你的想法,或者一直保持沉默

如果我们所说的都是正确的,那么可以得出两个主要结论。第一,我们有充分的理由抵制文化同质。作为个人,我们可采取的一种方法,就是说出我们的想法并创造新想法、新观点和新制度。我们可以拒绝随大流。这只是人类历史上的一个瞬间,今天的理想并没有仅仅因为是"今天的"而具有某种特殊的权威。通过说话、写作表达自己的观点,我们也许能贡献一些可以永世流传的东西,这些东西可资未来文化借鉴,即使今天的我们忽视了这些(甚至大加贬损)。

第二,我们应该尽我们所能去避免大范围的盲点,因为

这些盲点会威胁到人类未来的生存和繁荣。可以说，我们应该尽我们所能避免全球范围内再发生类似的切尔诺贝利事件。然而，这意味着，即使在社会压力不允许分享证据的情况下也要分享。个人的沉默也会导致切尔诺贝利事件。这也意味着，我们要尽我们所能降低分享证据的成本，尽管在特定情况下分享的不是什么特别的证据。

当然，因为我们还活着，在为获得社会地位所付出的代价忧心着。但是，如果分享证据是正确的，那么只有放眼整个人类长河，才能理解分享者这一行为的意义。如果我们反思这一点，并试着把这一历程想象成一个整体，那么社会是否认可就显得微不足道了。我们所做的持久贡献，以及我们塑造人类未来的方式，就不是无足轻重的了。

事实上，当我们回顾过去时，我们面临的代价看起来是如此微不足道。想想在第一次世界大战中，十几岁的男孩被派往可怕的、疾病肆虐的战壕里作战，经常被机关枪扫射。与他们的牺牲相比，94个"赞"与11个"赞"又有什么区别？或者想想，在人类历史的大部分时间里，人们都没有机会阅读。他们可能会在30岁前死于细菌感染，并且大部分孩子活不到5岁就夭折了。如果没有过去的积淀，我们就不会在这里，也不会享受到相对舒适的现代生活。我们懒洋洋地坐在"过去"的肩膀上，坐享其成。但是，如果我们反思历史就会明白，与大众背道而驰所带来的损失实则微不足道。与1个世纪或1000年前相比，出生在当下是一种极大的优势，我们应该感激并充分利用这种优势。

此外，如果我们仔细反思我们的价值观就会发现，大多数事情对我们来说，只有在人类未来繁荣的条件下才有意义。这并不一定是全人类的事，因为许多未来的人将不可避免地过着糟糕的生活。但在未来的某个地方，人类需要一些微光去点缀人生，让所有的努力都不被辜负。为了保护这些微光，我们需时刻警惕文化盲点，因为这些盲点在历史上非常常见，并且由于当今的瞬息万变和文化的同质化，这些盲点对人类社会造成了一些更为深远的影响。作为个人，我们唯一能做的就是说出我们的想法，并敢于从不同角度独立思考。

所以，换个角度思考是无可非议的，有话直说也无可厚非。事实上，你本就应该这样做。还有很多悬而未决的事情等着你去参与。

致 谢

为了完成此书,我可谓克服了重重困难。令我颇感困扰的是,家人都希望我选择工程学,而我天生对哲学感兴趣❶。在尼维斯岛❷(Neavis)时,我在当地的图书馆偶然发现一本哲学论文集,立刻就被书中的哲学问题和方法迷住了。之后,我开始阅读笛卡尔(Descartes)、斯宾诺莎(Spinoza)和柏拉图等哲人的作品,并写下自己对他们哲学思想的思考。然而,从社会的期望来看,我应该学习工程学(或者医学,或者类

---

❶ 本书作者赫里希克什·乔希生于印度,在尼维斯度过童年,后移民美国。乔希以优异的成绩获得南加州大学航空工程学学士学位后,考取西北大学并获得工业工程和管理科学硕士学位。之后,难舍对哲学的热爱,又重返南加州大学攻读哲学,并以优异的成绩获得哲学学士学位,考入普利斯顿大学哲学系深造,相继获得哲学硕士、博士学位。博士毕业后,先后在普利斯顿大学哲学系和密歇根大学哲学系从事过博士后研究工作,现在博林格林州立大学(Bowling Green State University,缩写 BGSU)哲学系任助理教授。——译者注
❷ 尼维斯岛,位于加勒比海中的一个小岛,面积 93 平方千米,原为英国殖民地。1983 年 9 月 9 日,尼维斯岛和邻近的另一个英国殖民地圣基茨岛(面积 174 平方千米)宣布独立,组成圣基茨和尼维斯联邦(The Federation of Saint Kitts and Nevis),简称圣基茨和尼维斯,现为英联邦成员国之一。英语为其官方语言和通用语。——译者注

似专业),这样以后才能拥有一份稳定的工作。

我原以为我可以在业余时间兼顾哲学研究,但我最终意识到,这在21世纪是不现实的。2008年,经过深思熟虑后,我放弃了正在攻读的工程学博士学位,决心重新开始研究哲学。我搬回洛杉矶,回到我的母校——南加州大学。在那里,我选修了一些课程,想看看自己是否有成为一位专业哲学家的潜质。

这无疑是场豪赌,但幸运的是,我遇见了许多优秀的导师。在南加州大学时,斯科特·索姆斯(Scott Soames)和加里·沃森(Gary Watson)给予了我极大的鼓励,并且用心地栽培我。特别是斯科特,如果没有他的支持,就不会有今天的我。到了2010年,我非常幸运地如愿成为普林斯顿大学哲学系的一名研究生。在普林斯顿大学读书期间,我得到了吉迪恩·罗森(Gideon Rosen)、迈克尔·史密斯和菲利普·佩蒂特(Philip Pettit)3位教授的耐心帮助和悉心教诲。毕业后,密歇根大学的丹尼尔·雅各布森(Daniel Jacobson)教授给了我在这个领域的第一份工作。我和他在安娜堡亲密共事了两年。丹(Dan)给我的反馈总是细致且一针见血,但他同时也会鼓励我发展自己的思想。

感谢众多朋友和同事的倾力相助,此书才得以面世。我要特别感谢丹尼尔·格雷科(Daniel Greco)、约阿夫·艾萨克斯（Yoaav Isaacs）、J.P. 梅西纳（J. P. Messina）、诺埃尔·斯旺森（Noel Swanson）和丹尼尔·沃尔特，他们为我的早期书稿提出了详细的建议。我还要感谢普拉纳夫·阿姆巴德卡尔（Pranav Ambardekar）、斯潘塞·凯斯（Spencer Case）、丹尼尔·德米特里欧（Daniel Demetriou）、埃达·菲（Ada Fee）、贾森·尤利亚诺（Jason Iuliano）、麦迪逊·基尔布赖德（Madison Kilbride）、克里斯廷·米克尔森（Kristin Mickelson）、奥利弗·特拉尔迪（Oliver Traldi）和凯文·瓦利耶（Kevin Vallier），我们一起就书中的主要论点进行了讨论，从中我获益良多。还有安德鲁·赫德尔斯顿（Andrew Huddleston）、纳迪姆·侯赛因（Nadeem Hussain）和蒂莫西·斯托尔（Timothy Stoll），他们在尼采这一章给予了我极有价值的意见。

几年来我一直在思考此书探讨的主题。2018 年，劳特利奇出版社（Routledge）的安迪·贝克（Andy Beck）联系上了我，说他正在开发一个新系列丛书项目，直到此时，这个研究主题才开始真正成型。我非常认可这个系列丛书项目，于是撰写了一份研究计划。在从研究计划到成书的整个过程中，安迪都给予了我很多帮助。在两次书稿的审阅过程中，这本书都得到了优秀审阅人的认可并给出了建议，我从中受益匪浅。2020 年的夏天，我完成了大部分的书稿。在此期间，人文研究所❶（The Institute for Humane Studies）为我提供了部分研究经费，这让我能够全身心地投入书稿的撰写中，没有后顾之忧。

最后，我非常感谢梅根·戈特沙尔（Meghan Gottschall）不厌其烦地帮我校阅此书的初稿，也感谢梅根、亨利（Henry）和弗雷迪（Freddy）在我撰写此书期间对我的各种包容。

---

❶ 人文研究所，英文简称 HIS，是美国一家非营利组织，附属于美国乔治梅森大学，致力于培育、发扬古典自由主义传统。——译者注

注 释

前 言

1. 穆勒,《论自由和其他论文集》。
2. 罗素,《论自由思想与官方宣传》。

第一章 认知常识

1. 斯密,《国民财富的性质和原因的研究》。
2. 斯洛曼、费恩巴赫,《知识的错觉》。
3. 罗森布利特、凯尔,《被误解的民间科学的局限:解释深度的一种错觉》;劳森,《循环科学:无法理解日常用品的工作原理》。
4. 克利福德,《信仰的伦理》。
5. 这一观点最早是在哈定的文章《公地悲剧》中提出的。
6. 安德森(Anderson)、希尔德雷斯(Hildreth)和霍兰德(Howland),《渴望地位是人类的基本动机吗?实证文献综述》。
7. 实证研究表明,一般来说,在仔细思考时,群体倾向于关注众所周知的信息,而不是群体中少数人所拥有的信息。这可能会导致团队做出不合理的决定。参见:斯塔塞(Stasser)、提图斯(Titus),《群体决策中非共享信息的合并:讨论中有偏向的信息抽样》;海托华(Hightower)、赛义德(Sayeed),《计算机媒介通信系统对有偏见的群体讨论的影响》;斯塔塞、阿贝勒(Abele)和帕森斯(Parsons),《集体选择的信息流和影响》;桑斯坦、哈斯蒂(Hastie),《智慧:超越群体思维,让群体更有智慧》。这其中的部分解释是,分享独特的信息往往会带来社会成本；参见：斯塔塞、提图斯的《隐藏的简介：简史》。随着群体规模不断扩大，问题会变得更加严重。

8. 为了引人入胜，部分陈述偏故事化，但仍保留了事件的核心特征。
9. 想要了解更多，参见桑斯坦的《从众心理》。
10. 古利克，《二战的管理反思》。
11. 关于这次失败的更多分析，请参见：贾尼斯（Janis）的《群体思维》和桑斯坦、哈斯蒂的《智慧：超越群体思维，让群体更有智慧》。
12. 比基耶里，《野外准则》。
13. 更多关于"为何这种为党派辩护的策略面临重大挑战"的问题，请参阅乔希的《你一切都对的概率有多大？现代党性的认知挑战》。
14. 这种担忧不仅仅是理论上的。例如，最近的一项民意调查显示，62% 的美国人表示他们不敢分享有些政治观点，还有 32% 的人担心如果他们的政治观点被人知道，他们很可能会失去工作机会。参见：詹金斯（Jenkins），《民意调查：62% 的美国人表示他们不敢分享有些政治观点》。另一项研究表明，自麦卡锡主义（在证据不足的情况下指控不忠或共产主义倾向的做法）和 20 世纪 50 年代红色恐怖达到顶峰以来，感觉不能说出自己想法的美国人的比例增加了 3 倍。参见吉布森（Gibson）、萨瑟兰（Sutherland）的《闭上你的嘴：美国螺旋式的自我审查》。研究进一步发现，自我审查的倾向随着教育水平的提高而增加。
15. 内勒-诺伊曼（Noelle-Neumann），《沉默的螺旋：一种有关公众舆论的理论》。
16. 最新有关于"个体应该如何调节自己的认知"的全面论述存在于潜在的认知失败者中，见巴兰坦（Ballantyne）的《了解我们的极限》。
17. 桑斯坦，《从众心理》。
18. 鲍尔斯、金提斯（Gintis），《合作的物种》。
19. 桑斯坦，《从众心理》。
20. 在现代科学的背景下探索"伽利略的人格"，见德雷格（Dreger）的《伽利略的中指：异教徒、积极分子及一位寻求正义的学者》。
21. 至少量子力学的一种解释是如此。然而，其他的解释则更加违背常理。

更多的解释，见莫德林（Maudlin）的《物理哲学：量子理论》。
22. 参见：莫德林，《物理哲学：空间和时间》。在本书中，一个久被诟病的问题是量子力学和广义相对论并不相干。因此，对一致理论的探索仍在继续。
23. 斯洛曼、费恩巴赫，《知识的错觉》。
24. 穆勒，《论自由》。
25. 朗吉诺，《作为社会知识的科学》。
26. 关于该领域的简短而全面的概述，请参阅芬利（Finlay）的《道德现实主义的四面》。
27. 例如，已故的德里克·帕菲特（Denek Panfit），一位非自然主义者，是牛津万灵学院的著名教授。但是彼得·雷顿（Peter Railton）和迈克尔·史密斯（Michael Smith）都是元伦理自然主义者，他们分别在密歇根大学和普林斯顿大学担任教授，在这一领域也同样享有盛誉。其他著名的元伦理学家包括纽约大学的莎伦·斯特里特（Sharon Street）和哈佛大学的克里斯蒂娜·科斯加德（Christine Korsgaard），他们为建构主义辩护，南加州大学的马克·施罗德（Mark Schroeder）为休谟主义辩护，密歇根大学的艾伦·吉巴德（Allan Gibbard）（荣誉退休）为表现主义辩护。尽管如此，我的同事凯文·瓦利耶（Kevin Vallier）认为，神圣命令理论在该领域的教学和研究实践中常常被忽略。
28. 劳里，《公共话语中的自我审查》。
29. 劳里，《公共话语中的自我审查》。

第二章　说出自己想法的义务

1. 卡亨等，《积极的运算能力和开明的自治体系》。另参见：卡亨，《为什么我们就气候变化这一问题持截然不同的态度》。
2. 参见：唐斯（Downs），《民主政治行动的经济理论》；卡普兰（Caplan），《理性选民的神话》；以及布伦南（Brennan），《反对民主》。
3. "显见义务"这一概念在罗斯的《正义与善》一书中介绍过。
4. 派普斯（Pipes），《共产主义：一段历史》。

5. 康德,《道德形而上学基础》。
6. 拉基,《反对的责任》。
7. 桑斯坦,《从众心理》。桑斯坦在这里引用了桑斯坦、黑斯蒂(Hastie)和施卡德(Schkade)的文章《审议日这天发生了什么?》。
8. 凯利,《证据:基本概念和现象概念》。
9. 这里的一个问题是,有时我们可能会真诚地分享某项主张的证据,但我们所分享的内容却会被误认为实际上并非该主张的证据。某些类型的诚实阴谋论者大概会符合这个要求。这里提出的对于义务的担忧在于,我们包含的"事实"元素越多——要求 E 共享以支持某个命题 P 的证据实际上是 P 的证据——义务就越不具有行动指导意义。这是因为我们可能会分不清何为重要证据。另一方面,除非我们将所提供的内容包含某种合理性约束作为证据,否则该职责要求诚实的阴谋论者分享他们的观点。这是一个两难境地,我倾向于选择后者,以免强加客观合理性约束。但这对于调节认识论或表达伦理学中的任何观点来说都是一个两难的境地。例如,对于拉基为"反对的义务"辩护的理由而言,这将是一个问题。我们是否应该仅在自己知道或有理由相信时才反对,而不只是简单地相信?我们怎么分辨?换言之,这一观点是范特尔(Fantl)在《开放思想的限制》一书中讨论的一个问题。他认为,我们不应该开诚布公地表达自己明知道会得出错误结论的论点,但是要区分我们所知道的和我们仅仅相信的并不容易。
10. 参见石(Shi)等人的文章《极化群体的智慧》;另见:洪(Hong)、佩琪(Page),《不同的问题解决者会比高能力问题解决者群体表现更好》。
11. 穆勒,《论自由与其他论文集》。
12. 塔平(Tappin)、麦凯,《道德优越性的错觉》;邓宁(Dunning)《虚假的道德优越性》;邓宁、埃普利(Epley),《感觉"比你更空虚":自我服务的评估是由自我或社会预测的错误产生的吗?》。
13. 亚里士多德,《尼各马可伦理学》。
14. 亚里士多德似乎暗示,只有在面临死亡时才会表现出勇气,不过,我们大概不需要跟随他那么远。

15. 亚里士多德，《尼各马可伦理学》。
16. 参见：曼昆（Mankiw），《经济学原理》；克鲁格曼（Krugman）、韦尔斯（Wells），《微观经济学》。
17. 有关公共产品和相关问题的更多信息，请参阅：阿诺马里（Anomaly），《公共产品和政府行动》。
18. 斯密，《国富论的性质和原因》。
19. 请与米勒（Mueller）的《公共选择3》对比一下。
20. 纳什均衡是指个体没有改变策略的动机。理性个体（在决策理论的"理性"概念中）会选择他们的策略，从而产生一个纳什均衡。参见：如，宾莫尔（Binmore），《博弈论教程》。
21. 伽利略和天主教会之间的历史背景和相互作用比我在这里所能公正描述的要复杂得多。想要了解最新的详细传记，参见：伍顿（Wootton），《伽利略：天空观察者》。
22. 关于现代社会科学中这种动力学的一些假定案例，参见：平克（Pinker），《空白石板》；朱西姆（Jussim），《社会知觉与社会现实：为什么准确性主导偏见与自我实现的预言》；杜阿尔特（Duarte）等人，《政治多样性将改善社会心理科学》；德雷格（Dreger），《伽利略的中指：异教徒、积极分子及一位寻求正义的学者》。

第三章 挑战与诱惑

1. 参见：如，卡根（Kagan）的《我能带来什么改变吗？》；奈夫斯基（Nefsku），《你不带来改变如何能提供帮助》。
2. 阿施，《意见与社会压力》。
3. 阿施，《意见与社会压力》。
4. 克罗斯（Cross）、蒂勒（Tiller），《司法党派性与法学理论的服从》；桑斯坦，《从众心理》。
5. 安徒生，《皇帝的新衣》。
6. 库兰（Kuran），《私下的真相，公开的谎言》；比基耶里，《野外准则》。
7. 比基耶里,《野外准则》;比基耶里,《社会语法》。
8. 库兰,《私下的真相,公开的谎言》;维勒(Willer)、库韦巴拉(Kuwabara)和梅西(Macy),《非流行规范的错误执行》。
9. 内勒-诺伊曼,《沉默的螺旋:一种有关公众舆论的理论》;内勒-诺伊曼,《沉默的螺旋》。
10. 比基耶里,《社会语法》。
11. 关于这种情况如何发生的范例,请参阅库兰,《私下的真相,公开的谎言》。
12. 穆勒,《论自由及其他论文集》。
13. 进一步的讨论,见:德雷格,《伽利略的中指:异教徒、积极分子及一位寻求正义的学者》。
14. 关于圣物在一些文化中的作用的讨论,见:海特(Haidt),《正义之心》。
15. 穆勒,《论自由和其他论文集》。
16. 穆勒,《论自由和其他论文集》。
17. 穆勒,《论自由和其他论文集》。
18. 这个术语是我借用自丹尼尔·沃尔特(Daniel Wolt)。
19. 托西和万科,《哗众取宠:使用和滥用道德言论》。
20. 这种动力的一个原因是"黑羊效应"——人们对群体内部离经叛道的成员比对群体外部的成员更有敌意。因此,有必要通过这种方式来展示其对团队价值观的忠诚。参见:马克斯(Margues)、泽尔博特(Yzerbyt)和莱茵斯(Leyens),《'黑羊效应':对群体内部成员的极端判断作为群体认同的职责》。
21. 有关文学作品的概述,请参阅西姆勒(Simler)、汉森(Hanson)的《脑中的大象》和特里弗斯(Trivers)的《愚昧者的愚蠢:自欺和欺骗背后的逻辑》。
22. 关于这一现象的更多内容,请参阅费斯廷格(Festingen)的《认知失调》和库兰的《私下的真相,公开的谎言》。
23. 奥威尔,《一九八四》。

24. 奥斯特罗姆（Ostrom），《集体行动与社会规范的演进》。

第四章　像思想者一样做事

1. 库兰，《私下的真相，公开的谎言》。
2. 尼采，《偶像的黄昏》，"格言与箭"，12 章。（依据标准惯例，参考尼采所有的文献时，列出的是章节号码，而非页码。）
3. 亚里士多德，《尼各马可伦理学》。
4. 此种伦理观的现代解释，参见：汤姆逊，《规范》。
5. 此观点详见：克劳特（Kraut），《亚里士多德论人类的福祉》。
6. 亚里士多德，《尼各马可伦理学》。
7. 古希腊哲学家通常认同一个更细微的观点：人类无论在何种领域出类拔萃，快乐和社会地位都对我们有利无害。
8. 西尔弗（Silver）等人，《无师自通——在不借助人类知识的情况下学会围棋》。
9. 希夫林，《言语至关重要：论谎言、道德与法律》。
10. 希夫林，《言语至关重要：论谎言、道德与法律》。
11. 参见：如，赫伦（Heron），《无聊的病理学》；阿里贡（Arrigon）、布洛克（Bullock），《对顶级监狱的犯人实施单独监禁的心理学影响：回顾已知，提出建议，做出改变》；葛万德（Gawande），《地狱》。
12. 柏拉图，《苏格拉底的申辩》。
13. 柏拉图，《苏格拉底的申辩》。
14. 柏拉图，《苏格拉底的申辩》。
15. 柏拉图，《苏格拉底的申辩》。
16. 拉塔纳（Latane）、罗丁（Rodin），《痛苦的女人：朋友和陌生人对旁观者干预的抑制效应》。
17. 霍尔（Holl）、约翰松（Johansson）和斯特兰德贝里（Strandbeng），《揭开道德的面纱：自我转变调研中的选择盲区和态度转变》。
18. 梅西耶、斯珀伯，《理性之谜》。
19. 参见：迈纳特（Mynatt），多尔蒂（Doherey）和特韦尼（Tweney），《模拟环境下的证实偏差：科学推断的实验性研究》；沃森（Watson），

《关于规则的推理》。
20. 泰伯（Taben）和洛奇（Lodge），《政治立场评价中的动机性怀疑主义》。
21. 韦斯特（West）、梅泽夫（Meserve）和斯坦诺维奇（Stanovich），《认知成熟无法削弱偏见盲点》。
22. 特鲁什（Trouche）等人，《推理的选择性懒惰》。
23. 梅西耶、斯珀伯，《理性之谜》。
24. 黑斯蒂、彭罗德（Penrod）和彭宁顿（Pennington），《陪审团内部》。
25. 参见：贾尼斯，《群体思维》；桑斯坦，《从众心理》。
26. 罗素，《对待狂热主义的最佳方法——自由主义》。

第五章 独立和美好人生

1. 康德，《问题的答案：什么是启蒙？》。对比尼采早期的作品，结果令人惊讶：

   是什么让人害怕身边的人，像群体里的其他人一样思考、行动，过着毫无乐趣可言的人生？在极少数情况下，大概是谦虚使然。但绝大多数情况是因为好逸恶劳、惰性，简言之，就是旅行者常常提及的懒惰倾向。这是对的：人很怯懦，但人更懒惰，最害怕无条件的诚实和坦诚相待带来的各种不便会成为负担……当伟大的思想家鄙视人类时，他也鄙视人类的懒惰：正是因为懒惰，人就像工厂的产品，无足轻重，不值得与之交流，也不值得为其传道解惑。（尼采，《作为教育家的叔本华》）

   更多关于康德和尼采在哲学见解上的相似与不同之处，见：里德利（Ridley），《康德论良知》。
2. 穆勒，《论自由和其他论文集》。
3. 此处的一部分难点在于，就穆勒所辩护的功利主义如何解释独立本身是有利的这一观点。这一难点会引出许多细节的问题，但是穆勒认同的观点，即个性本身是有利，在《论自由和其他论文集》第三章已经叙述清楚了。关于这一问题的更多讨论，参见：唐纳（Donner），《穆勒论个性》。

4. 穆勒,《论自由和其他论文集》。
5. 穆勒,《论自由和其他论文集》。
6. 穆勒,《论自由和其他论文集》。
7. 穆勒,《论自由和其他论文集》。
8. 参照:尼采,《善恶的彼岸》;尼采,《查拉图斯特拉如是说》第一部,《山上之树》。
9. 见:内哈马斯(Nehamas),《尼采,生命之为文学》。
10. 尼采,《善恶的彼岸》。
11. 尼采常常质疑的一个价值观是平等观,例子参见:尼采,《查拉图斯特拉如是说》;尼采,《善恶的彼岸》;尼采,《快乐的科学》;尼采,《反基督》。
12. 尼采,《反基督》,前言。
13. 尼采,《快乐的科学》。
14. 见:赫德尔斯顿(Huddleston),《尼采论文化的兴衰》。
15. 尼采在早期关于叔本华的文章中尖锐地指出了这些问题。他写道:

　　这些为了自由纷纷逃往内在世界的人也需要打开心扉,过外向的生活,要成为可见的人,自己能被他人看见;通过血脉、居所、教育、祖国、机遇以及他人的强求等无数的联系,他们同整个人类团结在一起,他们应当包容无数种观点,只是因为这些观点是时代的主流;凡是没有明确反对皆视为同意;手上没有任何一次制止的动作被解读为认可。他们是孤独的,有自由的灵魂,这些孤独者知道他们总是看起来不像他们所想的那样:虽然只渴望真理和诚实,但是为误解之网所困。(尼采,《作为教育家的叔本华》)

还可参见尼采的《偶像的黄昏》中《一个不合时宜者的漫游》一文。
16. 参见:莱辛格(Reginster),《肯定生命》。
17. 尼采,《快乐的科学》。
18. 尼采,《快乐的科学》。
19. 尼采,《善恶的彼岸》。还可参见:尼采,《快乐的科学》。
20. 尼采,《查拉图斯特拉如是说》第一部。
21. 尼采,《查拉图斯特拉如是说》第一部。

22. 尼采,《查拉图斯特拉如是说》第三部。
23. 尼采,《善恶的彼岸》。
24. 尼采,《快乐的科学》。还可参见尼采的《偶像的黄昏》中《一个不合时宜者的漫游》一文。
25. 穆勒,《论自由和其他论文集》。
26. 事实上,尼采认为,一个社会中不可能每个人都是伟人;伟大只能由少数人实现,部分原因是伟大本质上是比较出来的。比如他谈到发展程度较高的文化像是一座"金字塔",塔的基地是平庸;参见:尼采,《反基督》。关于这一问题的完整讨论,参见:赫德尔斯顿,《尼采论文化的兴衰》。
27. 穆勒,《论自由和其他论文集》。
28. 穆勒,《论自由和其他论文集》。
29. 尼采,《曙光》。
30. 尼采,《作为教育家的叔本华》。
31. 尼采,《查拉图斯特拉如是说》第二部。还可参见:尼采,《快乐的科学》。
32. 关于尼采所陈述的"哲学工作者"和"哲学家"的区别,详见:尼采,《善恶的彼岸》。
33. 尼采,《人性,太人性》。
34. 近年关于忽视政治的相关理论,参见:弗赖曼(Freiman),《忽视政治有何不可》。
35. 尼采,《反基督》,前言。
36. 尼采,《快乐的科学》。
37. 赫德尔斯顿,《尼采论文化的兴衰》。
38. 穆勒,《论自由和其他论文集》。
39. 参见:赫德尔斯顿,《尼采论文化的兴衰》。
40. 详细的讨论有助于理解尼采的这一批判观点,参见:莱特(Leiter),《尼采论道德》。
41. 尼采,《善恶的彼岸》。
42. 尼采,《善恶的彼岸》。

43. 他在自传中说道："灵魂能承受多少真理？又敢于承受多少真理？对我来说，这越来越成为衡量价值的尺度了。"（尼采，《瞧！这个人》前言。）尽管如此，尼采对于"追求真理的意志"有着复杂的看法。参见：赫梅斯（Gemes），《尼采对真理的批判》。

44. 尼采，《论道德的谱系》，论文3，19，他写道：

> 我们今天受过教育的人，我们所谓的"好人"，不说谎——这是真的；但那不值得赞扬！一个真正的、坚决的、"诚实的"谎言（关于谎言的价值，人们应当从柏拉图那里寻找答案）对于他们来说太过严苛，影响严重：谎言会要求他们做常人不会要求他们做的事情，他们应当睁大眼睛看清自己，应当知道如何分辨"真假"。他们能做的就是撒一个不诚实的谎；今天无论谁自称"好人"，他除了能够面对不诚实的虚假，其他难题，毫无解决之法——并且这样的虚假深不可测，却显出了单纯、诚实、容易受骗、德行高尚的特点。

45. 尼采，《人性，太人性》。
46. 尼采，《反基督》。
47. 尼采，《偶像的黄昏》中《一个不合时宜者的漫游》。
48. 穆勒，《论自由和其他论文集》。
49. 穆勒，《论自由和其他论文集》。
50. 更多关于社会规范和自发秩序的内容,详见：阿诺马里、布伦南，《社会规范、看不见的手和法律》。
51. 尼采、《查拉图斯特拉如是说》。

后　记

1. 舍弗勒，《死亡与来世》。
2. 这一幕来自1992年P.D.詹姆斯（P.D.James）的小说《人类之子》的主题，后来被改编成电影。
3. 或者至少，是像我们这样有目标和欲望的普罗大众。

参考文献

1. Andersen, Hans Christian. *The Emperor's New Clothes*. In *Hans ChristianAndersen's Complete Fairy Tales*, translated by Jean Pierre Hersholt. San Diego, CA: Canterbury Classics, 2014.
2. Anderson, Cameron, John Angus Hildreth, and Laura Howland. *Is the Desire for Status a Fundamental Human Motive? A Review of the Empirical Literature. Psychological Bulletin* 141, no.3(2015): 574–601.
3. Anomaly, Jonathan. *Public Goods and Government Action. Politics, Philosophy&Economics* 14, no.2(2015): 109–28.
4. Anomaly, Jonathan and Geoffrey Brennan. *Social Norms, the Invisible Hand, and the Law. The University of Queensland Law Journal* 33, no. 2 (2014): 263–83.
5. Aristotle. *Nicomachean Ethics*. Translated by Terence Irwin. 2nd ed. Indianapolis, IN: Hackett Publishing, 1999.
6. Arrigo, Bruce A., and Jennifer Leslie Bullock. *The Psychological Effects of Solitary Confinement on Prisoners in Supermax Units: Reviewing What We Know and Recommending What Should Change. International Journal of Offender Therapy and Comparative Criminology* 52, no.6(2008): 622–40.
7. Asch, SolomonE. *Opinions and Social Pressure*. Scientific American193, no.5(November1, 1955): 31–35.https: //doi.org/10.1038/scientific american1155-31.
8. Ballantyne, Nathan. *Knowing Our Limits*. New York: Oxford University Press, 2019.
9. Bicchieri, Cristina. *The Grammar of Society*. New York: Cambridge University Press, 2006.
10. *Norms in the Wild*. New York: Oxford University Press, 2017.
11. Binmore, Ken.*Game Theory: AVery Short Introduction*.Oxford: Oxford University Press, 2007.
12. Bowles, Samuel, and Herbert Gintis. A Cooperative Species: Human Reciprocity and Its Evolution.Princeton University Press, 2011.
13. Brennan, Jason. *Against Democracy*. Princeton, NJ: Princeton University

Press, 2016.
14. Caplan, Bryan. *The Myth of the Rational Voter*. Princeton, NJ: Princeton University Press, 2008.
15. Clifford, W. K. *The Ethics of Belief. Contemporary Review* 29 (1877): 289–309.
16. Cross, Frank, and Emerson Tiller. *Judicial Partisanship and Obedience to Legal Doctrine*. The Yale Law Journal107, no. 7(1998): 2155–76.
17. Donner, Wendy. *MillonIndividuality*. In A Companion to Mill, edited by Christopher Macleod and Dale E. Miller. Malden, MA: Wiley-Blackwell, 2017.
18. Downs, Anthony. *An Economic Theory of Political Action in a Democracy*. Journal of Political Economy 65, no.2(1957): 135–50.
19. Dreger, Alice. *Galileo's Middle Finger: Heretics, Activists, and One Scholar's Search for Justice*.New York: Penguin Books, 2015.
20. Duarte, José, Jarret Crawford, Charlotta Stern, and Jonathan Haidt. *Political Diversity Will Improve Social Psychological Science. Behavioral and Brain Sciences* 38, no.e130 (2015).
21. Dunning, David. *False Moral Superiority*. In *The Social Psychology of Good and Evil*, edited by Arthur G.Miller.2nded.NewYork: The Guilford Press, 2016.
22. Dunning, David, and Nicholas Epley. *Feeling 'Holier than Thou': Are Self-Serving Assessments Produced by Errors in Self- or Social Prediction? Journal of Personality and Social Psychology* 79, no.6(2000): 861–75.
23. Fantl, Jeremy. *The Limitations of the Open Mind*. Oxford, New York: Oxford University Press, 2018.
24. Festinger, Leon. *Cognitive Dissonance. Scientific American* 207, no. 4 (1962): 93–106.
25. Finlay, Stephen. *Four Faces of Moral Realism. Philosophy Compass* 2, no. 6(2007): 820–49. https://doi.org/10.1111/j.1747-9991.2007.00100.x.
26. Freiman, Christopher.*WhyIt's OK toIgnore Politics*.New York: Routledge, 2020.
27. Gawande, Atul. *Hellhole. The New Yorker*, March 23, 2009.https: //www.newyorker.com/magazine/2009/03/30/hellhole.
28. Gemes, Ken. *Nietzsche's Critique of Truth. Philosophy and Phenomenological Research* 52, no.1(1992): 47–65.
29. Gibson, JamesL., and Joseph L.Sutherland. *Keeping Your Mouth Shut: Spiraling Self-Censorship in the United States*, June 1, 2020. SSRN. https://ssrn.com/abstract=3647099.
30. Gulick, Luther.*Administrative Reflections from World War II*.Tuscaloosa, AL: University of Alabama Press, 1948.
31. Haidt, Jonathan. *The Righteous Mind*. New York: Vintage, 2012.

32. Hall, Lars, Petter Johansson, and Thomas Strandberg. *Lifting the Veil of Morality: Choice Blindness and Attitude Reversals on a Self-Transforming Survey*. PLOSOne, 2012.https: //doi.org/10.1371/journal.pone.0045457.
33. Hardin, Garrett. *The Tragedy of the Commons*. Science 162, no. 3859(1968): 1243–48.
34. Hastie, Reid, Steven Penrod, and Nancy Pennington. *Inside the Jury*. Cambridge, MA: Harvard University Press, 1983.
35. Heron, Woodburn. *The Pathology of Boredom*. Scientific American 196(1957): 52–56.
36. Hightower, Ross, and Lutfus Sayeed. *The Impact of Computer-Mediated Communication Systems on Biased Group Discussion*. Computers in Human Behavior11, no.1(1995): 33–44.
37. Hong, Lu, and Scott E. Page. *Groups of Diverse Problem Solvers Can Outperform Groups of High-Ability Problem Solvers*. Proceedings of the National Academy of the Sciences 101, no.46(2004): 16385–89.
38. Huddleston, Andrew. *Nietzsche on the Decadence and Flourishing of Culture*. New York: Oxford University Press, 2019.
39. Janis, Irving. *Groupthink*. 2nd ed. Boston, MA: Houghton Mifflin, 1982.
40. Jenkins, Emily. *Poll: 62% of Americans Say They Have Political Views They're Afraid to Share*, July 22, 2020. https: //www.cato.org/publications/survey-reports/poll-62-americans-say-they-have-political-views-theyre-afraid-share.
41. Joshi, Hrishikesh. *What Are the Chances You're Right about Everything? AnEpistemic Challenge for Modern Partisanship*. Politics, Philosophy & Economics19, no.1(2020): 36–61.
42. Jussim, Lee. *Social Perception and Social Reality: Why Accuracy Dominates Bias and Self-Fulfilling Prophecy*.New York: Oxford University Press, 2012.
43. Kagan, Shelly. *Do I Make a Difference? Philosophy & Public Affairs* 39, no. 2(2011): 105–41.
44. Kahan, Dan. *Why We Are Poles Apart on Climate Change*. Nature 488, no. 255(2012). https: //doi.org/10.1038/488255a.
45. Kahan, Dan, Ellen Peters, Erica Cantrell Dawson, and Paul Slovic. *Motivated Numeracy and Enlightened Self-Government*. Behavioural Public Policy 1, no. 1(2017): 54–86.
46. Kant, Immanuel. *An Answer to the Question: What Is Enlightenment?* In *Practical Philosophy*, edited by Mary J. Gregor. Cambridge: Cambridge University Press, 1996.
47. *Groundwork of The Metaphysics of Morals*. In *Practical Philosophy*, edited by Mary J. Gregor. Cambridge: Cambridge University Press, 1996.
48. Kelly, Thomas. *Evidence: Fundamental Concepts and the Phenomenal Conception*. Philosophy Compass 3, no.5(2008): 933–55.

49. Kraut, Richard. *Aristotle on the Human Good*. Princeton, NJ: Princeton University Press, 1989.
50. Krugman, Paul, and Robin Wells. *Microeconomics*. 3rd ed. New York: Worth Publishers, 2012.
51. Kuran, Timur. *Private Truths, Public Lies*. Cambridge, MA: Harvard University Press, 1995.
52. Lackey, Jennifer. *The Duty to Object. Philosophy and Phenomenological Research*, 2018.https: //doi.org/10.1111/phpr.12563.
53. Latane, Bibb, and Judith Rodin. *A Lady in Distress: Inhibiting Effects of Friends and Strangers on Bystander Intervention. Journal of Experimental Social Psychology* 5, no.2(1969): 189–202.
54. Lawson, Rebecca. *The Science of Cycology: Failures to Understand How Everyday Objects Work. Memory&Cognition*34(2006): 1667–75.
55. Leiter, Brian. *Nietzsche on Morality*. 2nd ed. New York: Routledge, 2015.
56. Longino, Helen.*Scienceas Social Knowledge*.Princeton, NJ: Princeton University Press, 1990.
57. Loury, Glenn. *Self-Censorship in Public Discourse. Rationality and Society* 6, no.4(1994): 428–61.
58. Mankiw, N. Gregory. *Principles of Economics*. 7th ed. Stamford, CT: Cengage Learning, 2014.
59. Marques, José M., Vincent Y. Yzerbyt, and Jacques-Philippe Leyens. *The'Black Sheep Effect': Extremity of Judgments towards Ingroup Members as a Function of Group Identification. European Journal of Social Psychology* 18, no. 1 (January 1, 1988): 1–16. https: //doi.org/10.1002/ejsp.2420180102.
60. Maudlin, Tim.*Philosophy of Physics: Quantum Theory*.Princeton, NJ: Princeton University Press, 2019.
61. *Philosophy of Physics: Space and Time*. Princeton, NJ: Princeton University Press, 2012.
62. Mercier, Hugo, and Dan Sperber. *The Enigma of Reason*. Cambridge, MA: Harvard University Press, 2017.
63. Mill, John Stuart. *On Liberty and Other Essays*. Edited by John Gray. Oxford, New York: Oxford University Press, 2008.
64. Mueller, Dennis C. *Public Choice III*. New York: Cambridge University Press, 2003.
65. Mynatt, Clifford, Michael Doherty, and Ryan Tweney. *Confirmation Bias in a Simulated Research Environment: An Experimental Study of Scientific In ference. Quarterly Journal of Experimental Psychology* 29, no. 1 (1977): 85–95.
66. Nefsky, Julia. *How You Can Help, without Makinga Difference. Philosophical Studies* 174(2017): 2743–67.
67. Nehamas, Alexander. *Nietzsche: Life as Literature*. Cambridge, MA:

Harvard University Press, 1985.
68. Nietzsche, Friedrich. *The Antichrist*. In *The Portable Nietzsche*, translated by Walter Kaufmann. New York: Penguin Books, 1954.
69. *Beyond Good and Evil*. Translated by Walter Kaufmann. New York: Random House, 1966.
70. *The Dawn*. In *The Portable Nietzsche*, translated by Walter Kaufmann. New York: Penguin Books, 1954.
71. *Ecce Homo*. In *On the Genealogy of Morals and Ecce Homo*, edited by Walter Kaufmann, Reissue edition. New York: Vintage, 1989.
72. *The Gay Science*. Translated by Walter Kaufmann. New York: Random House, 1974.
73. *Human, All-Too-Human*. In *The Portable Nietzsche*, translated by Walter Kaufmann. New York: Penguin Books, 1954.
74. *On the Genealogy of Morals*. In *On the Genealogy of Morals and Ecce Homo*, edited by Walter Kaufmann, Reissue edition. New York: Vintage, 1989.
75. *Schopenhauer as Educator*. In *Untimely Meditations*, edited by Daniel Breazeale, translated by R.J. Hollingdale. Cambridge, UK: Cambridge University Press, 1997.
76. *Thus Spoke Zarathustra*. In *The Portable Nietzsche*, translated by Walter Kaufmann. New York: Penguin Books, 1954.
77. *Twilight of the Idols*. In *The Portable Nietzsche*, translated by Walter Kaufmann. New York: Penguin Books, 1954.
78. Noelle-Neumann, Elisabeth. *The Spiral of Silence*. Chicago, IL: University of Chicago Press, 1984.
79. *The Spiral of Silence: A Theory of Public Opinion. Journal of Communication* 24, no. 2 (June 1, 1974): 43–51. https: //doi.org/10.1111/ j.1460-2466.1974. tb00367.x.
80. Orwell, George. *1984*. Mass Market Paperback. New York: Signet Classics, 1961.
81. Ostrom, Elinor. *Collective Action and the Evolution of Social Norms. Journal of Economic Perspectives* 14, no. 3 (2000): 137–58.
82. Pinker, Steven. *The Blank Slate*. New York: Penguin Books, 2002.
83. Pipes, Richard. *Communism: A History*. New York: Random House, 2001.
84. Plato. *Apology*. In *Plato: Complete Works*, edited by John Cooper. Indianapolis, IN: Hackett Publishing, 1997.
85. Reginster, Bernard. *The Affirmation of Life*. Cambridge, MA: Harvard University Press, 2006.
86. Ridley, Aaron. *Nietzsche's Conscience*. Ithaca, NY: Cornell University Press, 1998.
87. Ross, W.D. *The Right and the Good*. Oxford: Oxford University Press, 1930.

88. Rozenblit, Leonid, and Frank Keil. *The Misunderstood Limits of Folk Science: An Illusion of Explanatory Depth. Cognitive Science* 26, no. 5 (2002): 521–62.
89. Russell, Bertrand. *The Best Answer to Fanaticism—Liberalism. The New York Times Magazine*, December 16, 1951.https: //www.nytimes.com/1951/12/16/archives/the-best-answer-to-fanaticismliberalism-its-calm- search-for-truth.html.
90. *Free Thought and Official Propaganda*. Watts & Co., 1922.https: //www.gutenberg.org/files/44932/44932-h/44932-h.htm.
91. Scheffler, Samuel. *Death and the Afterlife*. The Berkeley Tanner Lectures. New York: Oxford University Press, 2016.
92. Shi, Feng, Mish Teplitskiy, Eamon Duede, and James A Evans. *The Wisdom of Polarized Crowds. Nature Human Behavior* 3 (2019): 329–36.
93. Shiffrin, Seana. *Speech Matters: On Lying, Morality, and the Law.* Princeton, NJ: Princeton University Press, 2014.
94. Silver, David, Julian Schrittwieser, Karen Simonyan, Ioannis Antonoglou, Aja Huang, Arthur Guez, Thomas Hubert, et al. *Mastering the Game of Go without Human Knowledge. Nature* 550, no. 7676 (October 1, 2017): 354–59. https: //doi.org/10.1038/nature24270.
95. Simler, Kevin, and Robin Hanson. *The Elephant in the Brain*. New York: Oxford University Press, 2018.
96. Sloman, Steven A., and Philip Fernbach. *The Knowledge Illusion: Why We Never Think Alone.* New York: Riverhead Books, 2017.
97. Smith, Adam. *An Inquiry into the Nature and Causes of the Wealth of Nations*. 3rd ed (1871). London: Alex Murray & Son, 1776.
98. Stasser, Garold, Susanne Abele, and Sandra Vaughan Parsons. *Information Flow and Influence in Collective Choice. Group Processes & Intergroup Relations* 15, no. 5 (2012): 619–35.
99. Stasser, Garold, and William Titus. *Hidden Profiles: A Brief History. Psychological Inquiry* 14, no. 3/4 (2003): 304–13.
100. *Pooling of Unshared Information in Group Decision Making: Biased Information Sampling During Discussion. Journal of Personality and Social Psychology* 48, no. 6 (1985): 1467–78.
101. Sunstein, Cass. *Conformity*. New York: New York University Press, 2019.
102. Sunstein, Cass, and Reid Hastie. *Wiser: Getting Beyond Groupthink to Make Groups Smarter.* Boston, MA: Harvard Business Review Press, 2015.
103. Sunstein, Cass, Reid Hastie, and David Schkade. *What Happened on Deliberation Day?* 95 *California Law Review* 915 (2007).
104. Taber, Charles, and Milton Lodge. *Motivated Skepticism in the Evaluation of Political Beliefs. American Journal of Political Science* 50, no. 3 (2006): 755–69.

105. Tappin, Ben, and Ryan McKay. *The Illusion of Moral Superiority*. Social Psychological and Personality Science 8, no. 6 (2017): 623–31.
106. Thomson, Judith Jarvis. *Normativity*. Chicago, IL: Open Court, 2008.
107. Tosi, Justin, and Brandon Warmke. *Grandstanding: The Use and Abuse of Moral Talk*. New York: Oxford University Press, 2020.
108. Trivers, Robert. *The Folly of Fools: The Logic of Deceit and Self-Deception in Human Life*. New York: Basic Books, 2011.
109. Trouche, Emmanuel, Petter Johansson, Lars Hall, and Hugo Mercier. *The Selective Laziness of Reasoning*. Cognitive Science 40, no. 8 (2016): 2122–36.
110. Wason, Peter. *Reasoning about a Rule*. Quarterly Journal of Experimental Psychology 20, no. 3 (1968): 273–81.
111. West, Richard F., Russell J. Meserve, and Keith E. Stanovich. *Cognitive Sophistication Does Not Attenuate the Bias Blind Spot*. Journal of Personality and Social Psychology 103, no. 3 (2012): 506–19.
112. Willer, Robb, Ko Kuwabara, and Michael W. Macy. *The False Enforcement of Unpopular Norms*. American Journal of Sociology 115, no. 2 (2009): 451–90.
113. Wootton, David. *Galileo: Watcher of the Skies*. New Haven, CT: Yale University Press, 2010.